# 社会契约论

[法]让-雅克·卢梭—— 著
芳生—— 译

中国华侨出版社
北京

图书在版编目（CIP）数据

社会契约论 /（法）让-雅克·卢梭著；芳生译.
—北京：中国华侨出版社，2020.1（2022.11 重印）
ISBN 978-7-5113-8100-2

Ⅰ.①社… Ⅱ.①让… ②芳… Ⅲ.①政治哲学—
法国—近代 Ⅳ.①D095.654.1 ②B565.26

中国版本图书馆 CIP 数据核字（2019）第 283319 号

## 社会契约论

| | |
|---|---|
| **著　　者** / | [法] 让-雅克·卢梭 |
| **译　　者** / | 芳　生 |
| **策划编辑** / | 周耿茜 |
| **责任编辑** / | 姜薇薇　桑梦娟 |
| **责任校对** / | 王京燕 |
| **封面设计** / | 一个人·设计 |
| **经　　销** / | 新华书店 |
| **开　　本** / | 880 毫米 × 1230 毫米　1/32　印张 /7.5　字数 /100 千字 |
| **印　　刷** / | 三河市华润印刷有限公司 |
| **版　　次** / | 2020 年 3 月第 1 版　2022 年 11 月第 4 次印刷 |
| **书　　号** / | ISBN 978-7-5113-8100-2 |
| **定　　价** / | 39.80 元 |

中国华侨出版社　北京市朝阳区西坝河东里 77 号楼底商 5 号　邮编：100028
编辑部：(010) 64443056
发行部：(010) 64443051　传　真：(010) 64439708
网　址：www.oveaschin.com　E-mail：oveaschin@sina.com

如发现印装质量问题，影响阅读，请与印刷厂联系调换。

# 译者序

　　作为 18 世纪启蒙运动最卓越的代表人物之一，卢梭也走在法国大革命的思想前列。尤其是他的《社会契约论》一书，更是让 18 世纪法国资产阶级民主革命和美国资产阶级民主革命有了纲领可循。

　　卢梭深信人性本善，倡导宽容理性，对任何政治暴力都是持反对态度的。本书也是世界思想史上的一本重要的古典文献，革命时期的各国资产阶级都曾经将这本《社会契约论》当作至宝，以他为代表的天赋人权思想曾经深刻地影响了我国旧民主主义革命。

　　当然，卢梭也有自己时代和阶级的局限性。从本质上来说，天赋人权的学说只是理想化了那个阶级所有制而已。因此，本书尽管有很多值得学习的光辉理论，也有不少不切实际的、反科学的观点和方法，我们要加以辨别。

# 目录
## Contents

# 小引

多年前，我曾经没有充分估计自己的能力，着手写了一部内容广泛的大著作，之后又停笔不写了，这篇小论文就是其中的一部分。在我为这部著作所写的可以选取的内容中，这部分内容是最重要的，所以我认为值得把它公之于众。至于其他部分，早已散佚。

# 第一卷

　　我之所以要写作本文，是为了考察这一点：根据人类的实际情况和法律的可能情形，社会秩序中有没有某种合法而妥当的政府行为规则。在研究过程中，我会尽量把人们对权力的许可和利益的要求二者结合，如此，正义和功利才不会彼此分离。

　　我不打算一开始就说明我研究的问题的重要性，而是直奔主题，开始研究。也许有人会问我，你要写书讨论政治问题，是因为你是国王，或者是立法者吗？我的答案是：不是。正是因为我并不是这二者中的一个，我才会想到谈论政治。如果我是国王或者立法者，我就不会把时间浪费在谈论应该做什么事上。我会做我该做的，或者保持沉默。

作为一个自由国家①的公民，作为主权者的一员，虽然我的声音对公共事务的影响可能微乎其微，但是我对公共事务享有的投票权让我有对这些问题进行深入研究的义务。另外，每当我研究各国政府的时候，我都会高兴地发现，我的研究可以让我发现一些更加热爱我国政府的理由。

## 第一章　第一卷的主题

人生来是自由的，却又处处身戴枷锁。以其他一切的主人自居的人，实质上却是比别人更彻底的奴隶。这种变化由何而来？我不得而知。它是怎么变得合法的呢？我相信我可以回答。

---

① 指日内瓦共和国。——译者注

如果只考虑到强力和强力产生的后果，我会说：如果人民受到强力的迫使去服从，而且确实服从了，这么做没错；如果他们可以打破这种枷锁，而且确实打破了，这么做更没错。他们是运用当初别人剥夺他们自由时的权利来恢复自由的，所以他们这样做完全是有理有据的；否则的话，别人当初剥夺他们的自由也就不正当了。其他所有权利能够得以保障的基础，就是社会秩序，它是一种神圣的权利。不过，社会权利并不是自然的权利，它的基础是很多约定。因此，我们要弄明白是哪些约定。不过，在我们对这个问题进行论述之前，我要先把我以上的话说清楚。

## 第二章　原始社会

在所有社会形态中，家庭是最古老而且是唯一自然的。只有在孩子需要父亲养育的时候，孩子才会依附于父亲；一旦孩子不需要父亲的养育，这种自然的关系就不复存在了。孩子从对父亲的服从中解脱出来，而父亲也从对孩子的关怀中解脱出来，双方就都进入了独立状态。如果他们还保持结合在一起的状态，那就是自愿的，而不是自然的了，此时家庭就只能靠约定来维系。

这种普遍存在的自由是人的天性发展的结果。人的天性的第一条法则，就是维护自己的生存；人首先关心的就是顾好他自己。人类达到有理性的年龄之后，只有他自己才能决定哪种保护自己的方式是最好的。从此时开始，他就成了自己的主人。

根据上文，我们可以这样说：家庭是政治社会的第一形态。政治社会的首领如同家庭中的父亲，而人民就如同家庭中的子女。每个人生来都是平等和自由的，每个人都只会在发觉对自己有利的时候才会出让自己的自由。唯一的区别在于：在家庭中，父亲对子女的关心就是对子女的爱的表现，父亲可以从中获得乐趣。而在国家中，首领对于人民是没有这种父爱的，他只关心如何统治人民，他从统治人民中获得乐趣。

格劳秀斯①否认所有的权力都是为了对被统治者有利而建立起来的，为了对此进行说明，他以奴隶制为例。他推理的时候用的比较常见的方法，就是用既定事实来确定权利②。就算他采用一种更加武断的方法进行论证，也不一定更有利于暴君。

根据格劳秀斯的观点，到底是全人类归属于某一百个人，还是这一百个人归属于全人类，值得商榷。根据他的著作中透露出的见解，他比较倾向于前一种观点，而霍布斯③也持有这一观点。根据这些观点，人类就被当成牛羊，分成一群一群的，每一群牛羊都有各自的首

_____

① 格劳秀斯（1583—1645），荷兰法学家，代表作品有《战争与和平的权利》《荷兰法律导论》。——译者注

② "很多研究公法的巨著的内容都是前人滥用权力的历史，可是人们却喜欢花大力气去对此进行研究，所有研究得越多就越糊涂。"（引自《论法国与其邻国的利益》，作者达让松侯爵先生）格劳秀斯就是这么研究的。——作者注

③ 霍布斯（1588—1679），英国政治著述家，代表作有《论公民》和《利维坦》。——译者注

领，而首领保护它们的目的就是把它们吃掉。

正如牧羊人会拥有比他放牧的羊群更高的资质，放牧人民的人，也就是人民的首领，拥有的资质也高于人民。费龙①说，卡里古拉②皇帝就是这样推论的。根据这个推论，自然会得出这样的结论：国王是神，或者说人民都是牲畜。

现在，霍布斯和格劳秀斯又重拾起卡里古拉的推论，把它当成自己的推论。其实，亚里士多德早在他们之前就曾经说过：人不是天生平等的，有些人生来就要做奴隶，而另一些人生来就要做统治者。

亚里士多德说得没错，可是他颠倒了原因和结果。出生于奴隶制度下的人自然天生就是奴隶，这一点毫无疑问。受到枷锁的束缚，奴隶失去了一切，就连脱离奴隶状态的愿望都失去了。奴隶很喜欢这种被奴役的状态，

---

① 费龙（约前20—45），希腊哲学家，具有犹太血统。——译者注
② 卡里古拉（12—41），古罗马皇帝，是一个暴君。——译者注

就像尤里西斯①的伙伴喜欢他们稀里糊涂的状态②。可是，如果真的存在天生的奴隶，也是因为先有了违反自然的奴隶制度。最早的奴隶是由于强力产生的，而由于他们的懦弱，他们只能永远做奴隶。

迄今为止，我还没有说到亚当王或者挪亚大帝，后者是将整个天下分成三份的三个君主的父亲。很多人认为，根据他们的做法，当初萨士林的儿子的所作所为就可见一斑了。我希望人们会因为我说话如此谦逊而心怀感激，因为我既然是这些君主中的一个的直系后裔，很有可能是嫡长子的后代，要是深入考察我的身份，说不定还能发现我是人类的合法国王呢！无论如何，我们都无法否认亚当曾经是整个世界的国王，就像鲁滨孙曾经是荒岛上的唯一居民，那他就是那个荒岛的国王。而且，

---

① 尤里西斯，古希腊神话中特洛伊战争中的一位统帅，非常机智。希腊军队攻占特洛伊后，尤里西斯在回国的路上遇到了女妖西尔赛。西尔赛使用魔法，把尤里西斯的伙伴们都变成了猪，但是尤里西斯并没有被魔法改变（详见荷马史诗《奥德赛》）。——译者注

② 见普鲁塔克的《但愿牲畜能运用理性》。——作者注

他这个帝国还有这样一个好处：他可以安心地居于皇位，
完全不用担心会有暴乱、战争或者阴谋。

## 第三章　最强者的权利

就算是最强者，也只有在将强力转化成权利、将服
从转化成义务之后，才能够强到永远做主人。这样，最
强者的权利也就产生了。虽然这种权利听起来有一点讽
刺意味，但是实际上已经形成了一种原则。不过，人们
是不是应该向我们解释一下这个词是什么意思呢？强力
是一种物理力量，对于它的作用是如何让人产生道德观
念的，我并不明白。屈服于强力并非意志的行为，而只
是一种必要的行为，充其量只是一种聪明的行为，又怎
么会变成一种义务呢？

我们不妨先假定确实存在这样的所谓的权利，但是
我觉得这种假定的结果就是：产生一系列根本解释不通
的胡言乱语。原因是，一旦只能通过强力获得权利，那

么随着原因的改变，后果也会发生改变。一旦一种力量强大到可以战胜另外一种力量，它就能接收被战胜的那种力量的权利。一旦人们可以不服从而又不用接受惩罚，那么人们的不服从就是理所应当的了。虽然最强者总是正确的，他可以随意采取自认为有效的办法来让自己成为最强者。可是，如果一种权利会随着强力的停止而消失，那它还能叫权利吗？如果只有靠施加强力才能获得人们的服从，那么人们的服从就不是因为义务。一旦强迫人们服从的强力消失，人们就没有必要继续服从了。所以，"权利"这个词根本没有为我们说的"强力"增加什么有利的理由，在这里，它可以说毫无意义。

你应该服从权威。如果它的意思是向强力屈服，那它算得上一条非常好的诫命，然而是完全多余的。我想，没有人会违反它。所有的权利都来自上帝，我是赞同这一点的。可是，所有的疾病也是来自上帝的，难道生病了还要阻拦人去请医生？如果我在丛林深处，被一个强盗拦住了，在他的强力之下，我要交出我的钱包。而且，就算我能想到办法把钱包藏起来，在良心的驱使下，我是不是也得把钱包交给强盗？毕竟，他手里的枪也是权威啊！

所以，我们得出这样一个结论：强力不能形成权利；人们只对合法的权威有服从的义务。这样，我们就回到了我在开篇提出的那个问题①。

## 第四章　奴隶制

既然所有的人对其他人都没有天然的权威，既然权利不会因为任何强力而产生，人们之间所有合法权威就只有以约定为基础了。

格劳秀斯说，既然一个人能将自己的自由转让，以奴隶的身份成为某个主人的附庸，那一个国家的人民为

---

① 指第一卷开头时所言："它（权威）是怎么变得合法的呢？"——译者注

何就不能将他们的自由转让，以臣民的身份接受某位君主的统治呢？格劳秀斯这段话中有数个表意不清的词，必须说明一下。不过在此，我们只对"转让"一词的词意进行说明。"转让"意即送与别人或者卖给别人。但给别人做奴隶并不意味着要把自己送给别人，而只是以卖掉自己的方式来维持生计。但是，整个国家的人有什么理由将自己卖了呢？况且，这个国家的人民非但没能从君王那里得到自己所需的生活用品，反倒还要为君王提供其所需的生活用品。就像拉伯雷①说的那样：即便是一位君王，在什么都没有的情况下也是难以维生的。莫非，在送上自己的人身自由的同时，人民还将任由国王夺走他们的财产作为附加条件吗？在我看来，若这样做的话，人民就真的什么都没有了。

有一部分人认为，独裁者能够为臣民提供和平安稳

---

① 拉伯雷（1494—1553），法国著名作家，著有《巨人传》等作品。——译者注

第
一
卷

的生活环境。尽管如此，可是，如果他们之所以陷入战争全都是因为独裁者的野心，如果相比于邻里之间的各种纠纷，他们反倒因为独裁者的贪婪无度和官吏的任意妄为承受了更多的苦难，那么这种和平安稳的社会环境又能给他们带来什么益处？如果对他们来说，这种和平安稳本身就是一种灾难，他们又能从这种和平安稳中获得什么益处呢？监狱中同样宁静，但能说生活在监狱中很幸福吗？希腊人的生活也很宁静，但被拘禁在西克洛普①洞穴中的他们，结局只有一个：陆续被吃掉。

认为一个人能将自己毫无保留地送给别人，这样的言论是何等的匪夷所思与荒谬；这样的奉送是有悖法律的，所以不可能成立，因为单就这一行为来看，行为人本身是不是理智的就很值得怀疑。认为整个国家的民众都能这样做，就等同于认为整个国家的人都疯了，而疯

---

① 西克洛普，希腊神话中的人物，巨人，只有一只眼睛。——译者注

癫的行为显然不能构成权利。

即使所有的人都能将他自己转让，但他并没有权利将他的孩子也转让。孩子生来便是自由人，他们的自由权只属于自己，任何其他人都没有权利替他们处置。他们的父亲在他们拥有理智之前，为了让他们更加幸福或为了让他们生活得更好，是可以代表他们签订部分契约的，但绝不可以将他们以无法挽回的方式无偿地赠予他人。因为这样的赠予有悖大自然的意志，并且超出了父亲的权利范围。所以，一个独裁的政权想要变得合法，就必须让每一代公民都行使自己的权利：认可抑或否定。如果这样做了，这个政权也就不是一个独裁政权了。

将自由放弃，就等同于将作为人的资格、权利甚至义务全部放弃。一个将所有的一切全都放弃的人，自然也就不需要进行补偿了。这种放弃是不被人的天性允许的。夺去了一个人自由行使自己意志的权利，无异于夺去了他的所有行为在道德上的合理性；条约的双方，一方拥有绝对的权力，另一方则必须无条件地永远服从，这种条约本就自相矛盾，是不具有法律效力的。显而易见，对一个能被我们指使着去做任何事的人来说，义务什么的根本就不需要去承担。难道这种条件本身的无偿性及不对等性还不能证明它是无效的吗？因为，既然我已经拥有了奴隶的一切，他的权利等同于我的权力，那他还有什么权利对我进行反对呢？自己反对自己，这样的空话本身就没有任何意义，不是吗？

包括格劳秀斯在内的一部分人认为，所谓的奴役权之所以存在，战争也是很重要的一个根源。照他们的说法，胜利者有权处死战败者，但战败者可以用自由换取自己的性命。据说，此类约定不仅更加合法，而且对双方都没有坏处。

不管从哪个方面来讲，这种将战败者处死的权利都不是战争的必然结果，这一点显而易见。因为，在独立而古老的生活环境中生活的人，彼此之间并不存在一种可以让战争或者和平持久存在的关系，所以他们不可能生来就站在对立面上。是物的关系导致了战争，而不

社会契约论

是人的关系导致了战争。既然人与人之间纯粹质朴的关系不可能成为战争的诱因，既然引发战争的是实物之间的关系，那么，不管是在自然的、没有固定财产存在的状态下，还是在社会的、有法律对一切进行约束的状态下，个人之间的战争或者私人之间的战争都不可能发生。

至于个人之间的冲突、斗殴甚或决斗，根本就无法构成所谓的什么状态①；而曾被法兰西统治者路易第九②以诏令的方式合法化，之后又被以"上帝的和平通谕"禁止的私人之间的战争出现的最根本原因其实还是封建政府对职权的滥用。尽管这种滑稽的制度曾一度盛行，但它的存在本就是对自然权利法则的悖逆。另外，从政治的角度来看，它也不是一种好制度。

由此可见，战争并非存在于个人之间的一种状态，

① 此处的状态指的是战争状态。——译者注
② 路易第九（1214—1270），法兰西国王，1226年即位，掌权至1270年。——译者注

而是存在于国家之间的一种状态。在战争中，个人与个人只是偶然走到对立面的，并不是以个人或者公民的身份，而是以士兵的身份走到对立面的；之所以走上对立面，并不是因为隶属于这个国家，而是因为要保卫这个国家。总而言之，站在国家的对立面的必然也是国家，而不会是个人，因为属性不同的事物之间是不可能真的存在什么确定的关联的。

这一准则既符合所有文明种族习以为常的做法，又符合所有时代的准则。对某个国家宣战，不仅仅是对国内掌权者的宣告，还是对全国民众的一种宣告。但凡是外国人，不管他是平常人还是掌权者，甚或代表着整个民族，只要他在未曾宣战的前提下抢劫、拘禁或杀害了某个国家的臣属与民众，那他就是彻头彻尾的强盗，而非敌人；哪怕是在战争期间，一位公平的君主也只会掠夺敌国的公共财产，不会危及个人的人身与财产安全；他对他权利的来源表示尊重。战争是以将敌国摧毁为目的的，所以战胜国有权处死所有曾经手执武器做过抵抗的敌国保卫者。但是，只要他们放下武器，选择投降，不再充当敌国的工具，他们就会重新变成普通人，他们的生命就不应该受到伤害。有些时候，人们可以将一个国家的政权毁灭，但不伤及国内任何一个人。由此可知，战争只能赋予人们与其目的相关的权利，但格劳秀斯否认了这一原则。这些原则成立的基础并不是诗人的权威，而是理性，是经由事物的本性推导而来。

最强者法则是征服权的唯一依据。既然战胜者并不能借由战争获得杀死战败国民众的权利，那他就不能以这种并不存在的权利为基础对战败国的民众进行奴役。唯有在敌人拒绝成为奴隶时，我们才有权将敌人杀死；由此可见，让敌人为奴的权利并非源于将敌人杀死的权利。既然无权剥夺他人的生命，那强迫他人用自由来换取生命自然就是极不公平的。以奴役权为依据对生杀权做出认可，又以生杀权为依据对奴役权做出认可，这样做显然已陷入一种恶性的循环之中。

哪怕征服者真的拥有能任意屠杀的恐怖权利，但在我看来，一个战争奴隶抑或一个被征服的民族，对主人唯一的义务也不过是在被强迫的前提下表示顺从。既然奴隶已借由等价交换的方式换回了自己的生命，那就代表着从征服者这里，奴隶没有获得丝毫的恩惠：他让奴隶活着，只是因为无利可图；有利可图时，他依旧会将奴隶杀死。由此可见，对奴隶而言，征服者的权威只不过是强权，他们的关系依旧像战争时一样；而战争状态恰恰又是他们陷入这种关系的原因。既然已经行使了战争的权利，那就意味着他们之间再无和平可言。有人说，他们之间存在约定；在我看来，哪怕真的有，这约定的存在也不代表他们之间的战争已经终止，相反，它正是战争依旧存在的证明。

可见，不管从哪个角度观察这个问题，奴役权都不可能存在。这不仅是因为它的荒谬无理，还因为它有悖律法。"奴役"与"权利"本就是两个彼此冲突、彼此排斥的概念。不管是一个人对另外一个人还是对整个国家的全体民众，下述说法无疑都荒谬至极："我与你订下条约，按照约定，我独享所有的利益，你履行所有的义务，我高兴遵守时才会遵守约定，而你必须在我高兴的时候遵守约定①。"

## 第五章　我们必须追溯到原始的约定

哪怕我对前文中我所驳斥的观点全部持赞成态度，鼓吹君主专制的人也无法从中找到什么可利用之处。对一群人进行压制和对一个社会进行治理是截然不同的。不管相继被奴役的人有多少，只要他们是分散的，那我就认为这是一个主人与他的众多奴隶，而不是一位国家领袖和他的众多臣民。在我看来，他们不过是聚到了一块儿，而非相互结合；他们不是一个政治上的整体，彼此之间也不存在什么共同的利益。哪怕全世界二分之一的人都被此人奴役了，他仍旧是个常人，从利益的角度

---

① 着重号为原著所有。——译者注

看，他与其他人没有一丝牵连，所以他的利益也不过是属于他个人的利益。若他亡了，他的帝国定然在他亡故后立马崩溃、分崩离析，就像一棵被纵火焚毁、化为灰烬的橡树一样。

格劳秀斯认为：民众可以向一位君王奉献自己。照他这样说，在将自己献给君王之前，民众就已经隶属于国家。从本质上来看，这种行为本身就具有政治性，民众的意愿被包蕴其中，所以在对民众选举君王的行为做出分析之前，最好还是分析一下民众究竟借由怎样的行动将自己变为民众的。因为社会真正的构成基础正是这种必须先于另一行为的行为。

其实，若事先不曾进行约定，除非所有的人都赞成。不然的话，选举时为什么一定要遵循少数服从多数的原则呢？那赞同某人成为领袖的一百人并没有权利代替那不赞同某人成为领袖的十个人投票。少数服从多数的原则依靠的是一种约定，这也就表明至少曾经有一次全体民众达成过一致。

## 第六章　社会公约

在我看来，人类过去曾身处这样一种境地：在自然情况下，危及人类生存的障碍远远超过了人赖以维生的力量，所以，如果这种原始的状况仍然存在，人类如果不进行生存方式方面的变革便会灭亡。

但是，因为人类没有创生新力量的能力，唯有以联合的方式使用现有的力量，所以，不仅要将所有的人都聚集到一起形成一股力量，还要以某种动机为纽带，保持行动一致，只有这样才能消灭阻力，不然，人类依旧无法继续存活。

这股庞大力量的形成需要无数人勠力同心。然而，因为每个个体都将自由与力量当成最主要的生存手段，所以要如何做才能在保证不损害自身利益及常对自己保持关怀的情况下让他们投身到集体的庞大力量中呢？以我在本书中所阐述的原理为依据，面对这一难题，我的解决方法如下所述。

　　"以一种全新的形式结合起来，通过这种形式，所有参与这一结合的个体的生命与财产都将受到联合力量的庇护，所有参与这一联合的人都像过去般自由，需要服从的只是自己。"这一根本问题，需要以社会契约的方式来解决。

　　受本身属性的影响，这一条明晰的契约，只要稍加变动，就会变成废纸一张、毫无作用。虽然从没有人正式公布过这些条款，但无论在什么地方，这些条款都不存在差异，无论在什么地方，这些条款都是人们公认并默认的。一旦社会公约遭到破坏，每一个人原有的权利都会立即被恢复；在约定的自由丧失之后，他有权利收回为换取约定的自由而付出的天然的自由。

　　这些条款明确无误，归纳为一句话便是：所有结合者都需要向整体让渡包括人身在内的所有权利。因为，首先，既然所有的人都将自己让渡给了集体，可见对众人而言，这一条件并无区别。既然所有人面对的都是一样的条件，那么就没有人会希望它有害于他人。

其次，因为是全无保留的让渡，所以联合体必然竭尽所能地做到完美；任何结合者都不能附加额外的要求，不然，如果部分权利还归属于个人，如果没有一个共同的上级能对公众与个体做出裁决，如果所有的人都拥有某种程度的自由裁判权。那过不了多长时间，个人就会自己决定所有的事情，这样一来，自然状态仍将持续，所谓的结合也会变得暴虐或徒有其名。

最后，因为所有人进行让渡的对象都是集体而非某个个体，因为所有的人从其他结合者那里得到的权利都与他让渡的权利毫无二致，所以所有的人得到的东西都与他失去的等价，而且有了能更好地对自己的所有物进行保护的力量。

如此这般，如果我们剔除掉社会公约中所有与本质无关的内容，社会公约便能简单地概括如下：我们所有的人都将自身及所有的力量置于公共意志之下，以公共意志为最高领导，并且将共同体中的所有成员都归入这个不可分割的整体之中①。
· · · · · · · · ·

　　以上述词句的意思来说，所有缔约者都立即不再是单独的个体了；这一结合立即就蕴生了一个有道德的共同体，在全体会议中，票数永远和与会人数等同。借由这一行为，这个有道德的共同体便实现了统一，有了生命、意志以及"共同的我"。过去，这种公共的、由所有独立的个体联合而形成的人格被称为"城邦"，现在它被称为"政治体"或者"共和国"。这个公共人格的组成成员，在它处于被动状态时，以"国家"来称呼它；在它处于主动状态时，用"主权者"来称呼它；当它与同类类比时，则用"政权"来称呼它；结合者们，被笼统地以"人民"来称呼；所有能够行使主权的个体，则被称为"公民"；国家律法的遵守者，会被称为"臣民"。但是，这些名词经常混淆，彼此通用，只要我们在使用时按照其意义，对其进行严格的区分就可以了。

---

　　① 着重号为原著所有。——译者著

# 第七章　主权者

由上述表述①可知：我们明白，结合意味着建立了一个公众与个人间的约定，某种程度上也可以看成个人与自己订立了某个约定。从约定建立开始，每个人就拥有了双重身份：一方面，他成了主权者的一员；另一方面，他又是国家成员中的一个。尽管民法中有这样一条准则：任何人都可以随时放弃自己与自己的约定，但这条准则不能够应用在这里。因为自己和自己订约，这与自己同全体（自己也是这全体中的一员）订约，二者之间的差异是很明显的。

我们特别需要提到的是，虽然集体意见能够让其全部成员保持对主权者的服从，但是因为每个人都有双重身份，因此无法用相反理由让主权者保持对其自身的约

---

①　指第六章中与社会公约相关的表述。——译者注

束。从政治体的本性来说，也不可能让主权者为自己制定一条必须坚守的法律。所以说，每个人考虑自己的关系都只有一种。也由此可以看出，每个人都是与自己订约。所以，不会出现也不可能出现一种能够让社会共同体一致受到束缚的法律，就算是社会契约也做不到。当然，这并不意味着共同体不能够与其他主体或外人订约，在其他主体或外人看来，他是一个单一体，一个个体。

可是，因为政治体的建立，或者说是主权者的形成，其最为坚固的依据就是契约的神圣性，所以任何对这一契约有伤害的事情均不可做出，就算是对外人也不行。比如，将其本身或一部分交给另外的主权者来控制，这就损害了原始契约，也就意味着他将之前作为契约主体的自己消灭。一旦自己都没有了，那什么都无从谈起了。

人民一旦通过契约的方式成了一个共同体，那么对于任何一个人的侵害，也就必然意味着对共同体的侵害。而同时，任何一点对共同体的伤害，也必然影响到其每一个成员。因为，无论是从权利的角度还是从义务的角度，都需要缔约者能够互相帮助，从而将这所有的利益都变成这种双重关系下的一个紧密结合体。

并且，既然主权者的组成成员是组成主权的单个人，那么主存者也就不会与每个人形成相反的利益，所以，主权权力不需要对其成员做出任何保证，伤害自身权利的政治体也就不存在了，我们在后文中也会谈到这样一个问题。主权者只会做作为主权者该做之事，并且不会改变。

但是，成员对于主权者来说就不同了。尽管双方的利益相符，但是主权者若无法确保其成员始终保持忠诚，那他就没办法使他的成员忠实地履约。

实际上，每一个人，作为一个公民，他都不仅会有同主权者相同的诉求而产生的公众意志，还会有与公众意志不同或相反的个别意志。而个人利益和公众利益对他的行为产生的影响完全不同。他那绝对的，也是天然产生的意识，使得他将把为共同事业的努力当作无偿奉献。在他看来，相比自己因为不做这种奉献而给他人带来的损失比因做这种奉献而带给他人的损失要小得多。于是在他看来，构成一个国家，在他心中仅是一个理性的行为。在这样的思维引导下，他只愿享受公民的权利，而拒不履行公民的义务。这种错误的做法如果持续一定时间，就会彻底毁灭政治共同体。

为了让社会契约有更加坚实的保障，因此在契约中就有这样一条原则：社会契约作为其他所有约定的基础，没有它，任何约定都无法生效。一个拒绝服从公意的人，共同体有权强制要求其服从，只有在这一前提下才能真正自由。这一约定，使得每个公民只能够站在祖国的庇护之下，而不能寻找其他条件。也正是因为有这一条件，国家统治才能井然有序地展开，政治机器才能够稳定运行。只有具备这个条件，才能保证其他的约定合法。失去这一条件，任何社会约定的存在就失去了其基础，也就成荒谬的了。

## 第八章　公民社会

当人从自然状态一迈进社会状态，一种巨大的变化就在他们身上产生了。从此以后，以前靠本能做事的局面不复存在，取而代之的是正义，让人类所有的行为开始逐渐具有道德性。过去他们依靠冲动和贪欲来生活，慢慢地，义务的呼声和权利开始出现，让他们意识到生活必须遵循某些原则，也就是：在受到天性冲动驱使前，首先应该用理性来思考。虽然社会状态让他们失去了自然状态下能够获得的一些利益，但是给他们带来的收获也是巨大的：能力得到不断提升，眼界被放大，感情逐渐变得高尚，于是心灵和人性都登上一个新的高度。对于能够进入社会状态，他将感到无比幸福，因为就是那个转变使得他从一个原始的愚昧的动物转变成一个人，除非因为对这种状态的滥用而导致堕落到比自然状态更糟的情况。

第
一
卷


　　我们尝试将这个转变中失去的和得到的东西一一列
举出来，可以看出他们的收获与失去。因为建立社会
契约，他们失去了天然的自由和对世界一切东西取得
的无限绝对权利，但是他们得到的是社会的自由，和
他们拥有之物的所有权。为了能够更好地将上述得失
进行对比，我们需要更好地去分析建立在人的力量基
础上的天然自由和受到公众意志约束的社会自由的区
别，我们需要更清楚地去了解依靠强力和最早占有来
获得事物的无限绝对权利与社会状态下的财产权之间
的区别。

　　除此之外，人们在社会状态下获得了道德自由，这
也使得人能够真正主导自己。因为只有奴隶，才仅凭贪
欲冲动，只有服从社会建立的共同约束，才能获得真正
的自由。针对这个问题，我已做出很多论述，而本书的
重点也并非讨论自由的哲学含义。

## 第九章　财产权

共同体一旦建立，成员就将其所有——包括他本人以及他所持有的力量（财产也是力量的一部分）——交付共同体。但是这并不意味着这种交付使得他拥有的财产变成了主权者的。一般来说，一个国家和城邦的力量远远大于个人，因此尽管个人所有权更加合法（在外邦人看来），但是公共所有权无疑更加强大，更加不可变更。这是因为，对于一个公民来说，社会契约决定了其财产的主人是国家；但是对于其他外邦国家来说，优先占有权决定了谁占有某项财产。

尽管相比最强者占有权来说，优先者占有权更加真实，但也只能作为财产归属确认之后的一项权利。从理论上说，每个人都有天然的权利去获得他想获得的任何东西；然而在实际生活中，拥有了某项财富，也意味着放弃了另外的某项财富。一旦获得他想要的，他就不能再主张更多，对共同体要求更多的权利也是不合理的。也是因为这样的原因，优先者占有权在自然状态下不具备很强的稳定性，却为处于社会状态中的人所尊重。在这一权利的行使过程中，人们对于他人的财产的尊重远远比不上对于自己财产的尊重。

一般来说，我们认为某个人拥有最先占有某块土地的权利，就必须建立在以下的几个事实上：第一，这块土地无人耕种、居住；第二，他对于土地的占有只能用于维持生活所需，而不能主张更多；第三，对这块土地的占有不是以某种仪式作为标志，而是要凭他的辛勤的劳作和耕耘——在法律保护缺失的情况下，得到人们真正尊敬的正是靠这两项。

实际上，按需要和劳动来决定最先占有权，难道这样的权利不能够尽可能壮大吗？难道这样的权利不应当给以约束吗？难道只要把脚踏上某片土地，就可以认为那块土地属于自己吗？难道依靠强力将别人赶走，就能够保证人家永不回来吗？一个人或者民族之所以拥有大量土地，难道不是把大自然给予其他人的土地用该受谴责的方式掠夺来的吗？努涅斯·巴尔博亚站在海边以卡斯提国王的名义宣布自己是南太平洋和整个南美洲的主人，难道真的就意味着那片土地上的人们的财产被剥夺了吗？难道世界上的其他君主都不存在吗？这种仪式没有任何的法律效益。否则，那位痴迷于天主教的国王只需要坐在宫殿的宝座上招招手，他就成了全世界的主人。而实际状况是，就在他的帝国版图中，有些地方的主人早已不再是他。

当个人的土地，一块一块连接在一起，最终成了公共土地；主权对于公民的管理，也就从单独人身的观念里逐渐扩大到他们所属的土地。这样国家的主权一方面是对人的权利，另一方面也成了对物的权利。一旦如此，公民对于国家的依附才变得更加强烈，这种强烈的依附最终转变为对国家的忠诚。因此带来的好处，古代的君主似乎并没有真正体会到。所以，他们认为自己是人的领袖，而不是土地的主人。比如，他们称自己为波斯人的王、塞族人的王、马其顿人的王等。时代发展到今天，君主们早已充分意识到这一点，所以他们成了法兰西国王、西班牙国王、英格兰国王等。这样，他们既成了土地的主人，又凭借对土地的占有让土地上的居民更深地臣服在他的脚下。

在财产从个人向主权者的转移过程中，最为独特的就是：共同体对于个人的财产表示接受，但是并未剥夺，而且让人们对于财产的拥有更加合法、更加有保障。事实上，这种转让的方法，让财产的占有权逐渐转化，分化成了享用权和所有权。那些财产的所有人被大家看作保管财富的人，并且尊重其权利，尽国家全力维护其不受伤害。这样的一种转让，对于公众来说无疑更有利。我们甚至可以说他们将自己的一切东西都献给了自己。尽管这看上去是一个"悖论"，但是如果我们能够彻底弄明白主权者对一块土地的权利与所有者同一块土地的权利有什么区别，理解这个"悖论"就不难了。关于这点，在下文中我们会做进一步的探讨。

或许也会存在这样的一种状况：人们并没有占据任何土地之前就达成了一致，之后再占有了一块足够大家使用的土地，这块土地大家共享，或是平分，或是按照主权者决定的比例分割。这种占有，不论是通过什么方式取得，个人对于土地的权利，都应从属于共同体对于土地的权利。否则，社会就无法有效联系在一起，而主权也就不具备真正的力量。

让我们用一句话来总结本章和本卷：基本公约的建立，不会毁灭平等，只会用道德和法律的平等来代替原始的自然平等，只会代替在自然状态下人与人之间因为身体的不同导致的不平等。所以，尽管人的身体和智慧各有不同，但是享有的权利能够给予他们平等的保障①。

---

① 如果是由坏政府治理，那么这种平等就只是浮于表面，只有形式，没有实质，只会让穷人一直处于穷困中，而富人不停地掠夺财富。实际上，法律总是会对拥有财富的人有利，而对于贫穷的人是不利的。由此可以看出，对大家都有利的社会状态是：所有人都拥有一定的东西，可是没有哪个人拥有得特别多。——作者注

# 第二卷

## 第一章　主权不可转让

国家的各种势力只有服从公意的领导，而公意是以国家成立的目的也就是共同的福祉为依据来加以引导的，这是以上原则所产生的一个最关键也是首当其冲的一个结果。原因是，尽管社会成立的根源在于个人利益的矛盾，可是，社会要想真正建立起来，必须依靠个人利益的统一化。正是因为这些不同利益存在相似之处，才能形成社会联系。假如不同利益没有任何相似之处，那么社会存在的可能性也就变成零。所以，社会在管理时，也只能遵照这个共同的利益。

所以我觉得：既然主权运用的是公意，那么它就具有不可转让性。既然主权者是一个整体，那么它的代表人只能是它自己。权力可以转交给他人，意志却不能由他人主导。

实际上，尽管个别意志有可能在某一点上和公意保持统一，可是这种统一不具备持续性，也不会时常发生。因为本性所致，个别意志必然偏向于个人，而公意必然偏向于平等。假如想保障这种统一，就越发难以实现了。即便有机会实现，也只可能是因为意外出现的结果，而不是人为的设置。主权者可以说："我的想法和某人的想法刚好一样，或者最起码也是他说他有这样的希望。"可是主权者这样说是不行的："我也想做这个人将来想做的事。"因为，为了将来着想，对意志提出要求而现在对自己加以管束，实在是太过于荒谬了。不能以他人的意志为仰仗，承诺做和某人的幸福相一致的事。所以，假如人民只会战战兢兢地顺从，这一行为就会让人民本身分崩离析，进而失去其人民的品质。只要有一个主人凌驾于主权者之上，主权者就消失了，这个政治体也就不可能再存在。

在主权者可以自由反对，却没有反对领导者意志的情况下，其也可以被称为公意。在这种情况下，大众的沉默都被看作人民认可也不为过。我们以后会对这一点进行进一步说明。

## 第二章　主权不可分割

既然主权有不可转让性，那么，主权也必然无法分割。因为意志要么是公意①，要么不是公意；其要么是全体人民的意志，要么是一部分人的意志。基于前一种

---

① 一种意志要想变成公意，并不一定要所有人都达成统一意见，可是要累加计算所有的票数，如果排斥掉任何一票，都会对它的总体性造成损坏。——作者注

情况，宣称这种意志代表着主权，法律可在此基础上形成。基于后一种情况，它只是代表着一种个别意志或一种行政部门，最多只能算是一种指示。

可是，因为我们的政论家们没办法从理论的角度对主权加以分割，于是在行政主权方面对主权加以分割。一种分法是强力和意志，另一种分法是立法权和行政权，还有一种分法是税收权、司法权、战争权、内政权和外交权。有时候，这些权力被他们区别开，有时又被他们合为一个整体。他们七拼八凑，把主权者弄成一个奇形怪状的东西，就好像把几个人的肢体拼到一个人身上一样：把一个人的眼睛和另一个人的胳膊和脚拼到一起。传说，日本的江湖艺人可以在大庭广众之下将小孩碎成很多块，之后抛至空中，然后一个完好的鲜活的孩子从空中掉下来。我们的政论家玩的伎俩就和这个无异，用只适合在村野玩的伎俩分化一个社会共同体，之后又采用一种我们不知道的办法，对它们加以整合。

之所以出现这个错误，是因为没有科学领会“主权"一词的含义，将衍生于主权的东西领会成主权的组成部分，因此，打比方来说，宣战权也好，媾和权也好，都会被理解成主权行为。事实上根本不是这样的，因为这两种行为都不是法律，而只是运用了法律，对法律事件的行为加以确认。只要我们阐明了"法律"这个词的含义，就可以发现这一点。

一样的道理，我们发现，在所有分类方面，只要人们觉得主权不是一个整体，错误就会产生。他们觉得分属于主权的各个部分的那些权利，事实上是归主权管辖的，由崇高意志来掌控。但那些权利只不过是在行使最高意志。

因为没有精准化了解这些理念，一些对政治权利进行研究的作家，在对国王和人民的权利进行判断时，便会以他们阐述的理论为依据，下一个不太清晰的结论。从格劳秀斯的著作第 1 卷第 3 章和第 4 章中，大家就可以发现这位大学者和他的译者巴贝拉克根本上就是在胡诌，不停地狡辩。他们不是担心说了过多的话，就是担心说得不够多，一味地担心会对他们想调和的利益造成损害。格劳秀斯对自己的祖国不满意，于是逃到法国去，一门心思地对路易十三献媚，他的书就是给路易十三写的。他想尽办法把人民的权利夺走，只想让国王享有人民的所有权利。他的做法和巴贝拉克的心意正好相符，巴贝拉克把自己的译作敬献给了英王乔治一世，没承想雅克二世被迫下台（他的说法是"逊位"）。所以，他只能小心翼翼地、闪烁其词地说着不清不楚的话，生怕将威廉说成一个谋权篡位的人。假如这两位作家所采用的原则无误，那么所有难题就都变得简单了，他们就会旗帜鲜明地把自己的结论说出来了。可是，如果他们真的把真理讲出来，对人民献媚，他们可就会遭殃了，因为真理不会让他们交好运，人民是没有权利委派谁去做大使或当教授或领一份年金的。

第
二
卷

# 第三章　公意是否会出现错误

通过上面的论述，我们可以发现公意永远都是站在公正的立场的，社会大众的幸福始终是它的根本，不过也不能武断地说人民的看法也始终是公平公正的。任何人都想要获得幸福，可是大家往往不清楚获得幸福的方式是什么。人民始终不会被腐坏，可是通常会受到蒙蔽。正是因为这个原因，人民似乎也不得不将坏的东西视为好的东西来承受。

公意和众意这两者的意义是有非常大的区别的；公意注重的是共同的利益，可众意注重的则是个人的利益；它凝聚的是单个意志。不过，将众意中相互抵消的最少数和最多数摒弃之后①，那么公意即是所剩的差数。

---

① 达让松侯爵说："任何一种利益都有不一样的准则；两种个别利益的统一，必然是因为与第三种利益相对立才产生的。"他还说：公共利益的一致，是因为与每个人的利益性对立才产生的，若是不同利益根本是子虚乌有的话，那么那种没有丝毫阻碍的共同利益就无法察觉了。若是如此，一切会自动前进。那政治也和艺术就没什么关联了。——作者注

　　若在探讨的时候，人民对实际状况的了解足够透彻的话，那么公民们相互之间就不会有所串通，就算有很多微小的不同意见，也不会阻止公意的产生，而且得到的结果一定是很合人心的。可是，若有人善于耍小聪明，构筑无视大众利益的小团体，而任何一个小团体的意志对另外的成员来说即为公意，对于国家来说就是个别意志，此时决定投票多少的不是个人单位，而是集团单位了。纵然降低了异议，可是产生的结论还能是公意吗？而且，如果这些小团体中有一个的势力可以凌驾于众团体之上，那么所产生的结论一定是独一无二的异议，必然不再是小异议的总和。如此一来，公意就不复存在了，个别意见就处在优势地位。

　　所以，要让公意有更大的发展空间，国家之中就不能有小团体的存在，还需让所有公民都依照自己内心真实的想法来表述自己的意见①。杰出的莱格古士所采用

----

　　① 马基雅维里说："其实，会有对国家不利的人群，必然也会有对国家有益的人群。那些结党营私的人们会陷国家于危难，那些崇尚自由的人们会为国家带来福祉。尽管国家的开创者无法免除国家纷争，可是最起码也要杜绝人们独霸一方。"（《佛罗伦萨史》，第7卷）——作者注

的特立独行的好方法就是这个。而塞尔维乌斯、努玛和梭伦则认为，如果小团体已经形成，那就让它们的数量不断增加，来杜绝他们之间的不平等。以上这些预防手段可以让公意得到完美的诠释，也是让人们不会发生失误的仅有的一个完美方针。

## 第四章　主权权力的界限

对一个国家或者城邦来说，最为关心的是本身的存在和发展，既然国家或城邦只是个道德人格，而构成它的生命的是它的成员，那么要想长久的存在，就必须有一种强大的压制性的力量可以控制各个组成部分依照被认为对全体成员最有利的方式来运行。政治体通过社会公约对所属的成员们具有绝对的控制权力，就好比每一个正常人自然生成的对自己四肢的控制权一样。当这种权力授意于公意时，这就是我曾说过的被称为"主权"的权力。

　　我们不仅要注重公共人格，同时也不能忽略掉公共人格的组成部分——个人：存在于公共人格之外的自然生成且独立自主的每个人的生命和自由。所以在公民的权利和主权者的权利之间必须有一个明确的区分①，在公民中作为臣民应尽的义务和作为人民应有的权利也必须明确区别开来。

　　众所周知，每个人的权利、财富和自由可以从中转出的都只是其用途对公共体来说非常重要的那部分，这是由社会公约所决定的。所以，由此可知：决断事情是否至关重要的决断者只有主权者。

　　一旦主权者有所要求，那么在公民力所能及的服务范围内，就应该立即执行。但是如果所做之事对公共体无用，那主权者对民众就没有约束力了，完全不用去想它的可行性，因为依照法则规定，做什么事都必须有其

---

　　① 各位认真的读者，请你们先不要着急批评我在这里相互冲突了。因为词语量的不足，我在用词方面没能把这个冲突规避掉。请耐心等待一下。——作者注

必要的理由，依照自然的法则，也是同样的道理。

　　社会公约将我们与社会体联系在一起，而这些公约又是互相关联的，它们所具有的性质也决定了我们必须履行这些公约的义务：每个人在履行社会公约时，既是在为他人效力，也是在为自己效力。只有当我们都把在这里的"每个人"理解为我们自己时，我们才会认为为大家投票就是为了给我们自己投票，我们才能由衷地希望大家中的每一分子都能够幸福快乐，如此公意才能具有公正性。也因此我们才可以得出结论，权利的平等及其产生的正义观念皆是由人们的私心而来的，也就是人们的天性，这也说明了真正的公意必须建立在其目的和本质都是公正的基础之上。只有公意出自全体，才能对全体起到适当的作用。当它偏袒于某个小团体或者有特殊的目的时，它就不再具有公正性了，而我们用于判断的依据也就与我们无关了，所以也就没有称得上公平的原则可以指导我们如何判断。

　　其实争议的产生就是由于某件事情或者是某项特权，

在某处没有受到公约的约束而导致的。争议既然产生自然是因为观点相对立的双方，一方是与其相关的个人，另一方是公众。但是有哪条法律可以作为判决这次争议的依据，又有哪个法官可以对此做出判决，我一概不知道。而这时如果把这个争议再交由公众做公意表决，那就是件很可笑的事情了，此时的公意就成了公众一方的结论了，而对另一方来说，这个结论代表的是个别意志，是不公正的，并且存在很大的错误可能。从另一方面来说，个别意志并不能取代公意，公意的性质会因为带有个别的目的而发生变化，此时的公意就不再是公意，也就不能成为判决某人或某事的依据了。举个例子，雅典人民在推举某人任首领或罢免某人首领位置的时候，又或者授予某人荣誉称号或是惩罚某人的时候，都是由政府出面依据各个不同的法令区别应对的。如果任由民众自行判断法令，自行处置，那民众代表的就不是公意了，行事的也就不能被称作主权者而被称作行政官员了。也许这与一般人的看法不同，但是暂且我先不对此做阐述，等到后面再说。

由此我们可以推测出：票数的多少不是决定公意的主要依据，在能够结合起所有人的公共利益前产生的公意才算是真正的公意。公共的利益和正义之间的完美一致性使得公众的结论具有绝对的公正性，这是其他任何个别事情所没有的。在这样的制度下，每个人要求别人必须遵循的准则，自己必然也会遵循。当具有争议的是个别事情的时候，法官和当事人之间就无法形成具有一致的共同利益的准则，所以最终的结论也就失去了公正性。

每个人都可以享有同样的权利，但是每个人也都必须遵守相同的条件，这是社会公约在公民之间建立起的一种平等，而无论我们从哪个方面谈论这个原则，最终得到的都是这个结论。由此可见，主权的行为，也就是所有来自公意的行为，在公约的基础上，对待每个公民都是平等的，具有同样的约束力和保护力，所以说主权者不会区别对待国家中的每一个人，它所对待的只有这

个国家的共同体。但是严格来讲，主权的行为到底是种
什么行为呢？它是一种共同体和全体公民间的约定，不
同于上下级间的约定。它是以社会契约为奠定基础的，
所以合法；它对待每一个人都是平等的，所以公平；它
的行为目的单一，纯粹是为了大家的幸福而考虑，所以
公益；它的力量来自大家共同的力量，有最高权力做保
证，所以稳固。这样的约定代表的是广大臣民的意志，
人们只要服从它就是在服从他们自己，而不是某一个人。
主权者和公民的权力大小也就取决于公民自己对自己的
约束程度，也就是每个公民对全体和全体对每个公民的
约束程度。

　　因而可知，主权权力是绝不可能超过公共约定的界
限的，即使它是那么的神圣不可侵犯，并且这种约定给
予每个人的财产和自由，每个人对此都有独立自主的处
置权。这也可以看出，主权者也没有权力强制要求那些
人必须比其他人承担更大的责任，主权者一旦真这么做
了，那么主权权力也就超出了公共约定的界限，这件事

情也就变成了个别事情，主权权力也会因此作废。

　　假设大家一致认同这些观点的话，那么关于依照社会契约行为会使个人遭受不可避免的损失的结论自然就是荒诞可笑的了。很显然，在社会契约的作用下，个人的生活处境确实变得比以前好了。公民按社会契约行事并非要从他们这里夺取什么，而是一种有舍才有得且有益的交易。交换颠沛流离的生活方式去获得稳定幸福的生活方式，交换人性的自由去获得社会的自由，交换不再欺负弱小的暴力去获得自己的人身安全，交换自己微弱的一份力量，去获得社会团结产生的威严且不可侵犯的权利。再说了大家为了国家奉献生命的同时国家也在保护着大家的生命，就算是有可能在保卫国家的过程中牺牲性命，那也只是把从国家那里得到的东西还给国家了而已。当前在国家的庇护下依然有战争发生，为了保护赖以生存的东西，他们不得不冒着生命危险去战斗，就像在天然的环境下他们为了自己的生存而战一样，但是显然后者比前者的战斗次数更多，冒险程度更大。所以每个人都很有必要在国家危难的时刻挺身而出，不然一旦国家没有了，将来就只能自己为自己而战了。失去安全保护，我们就必须自己面对全部的危险，而在国家的保护下，我们只需要去冒全部危险中一部分的危险，这难道不是更有利的吗？

## 第五章　生死权

如果自身连决定自己生死的权利都没有，主权者又怎么能从自己身上得到这种权利呢？这是人们心中存在的疑惑。这个问题的问法不正确，因而不能很好地给予解答。有时候选择牺牲自己也是保全自己性命的一种方式。房子着火了不得已从窗户跳下楼去，我们能说这是一种自我了断的行为吗？我们能责怪那个出海的人在出发时怎么不知道自己会面临风暴避免不了被淹死的灾难呢？

社会公约存在的目的实际上是为了保全公约的拟定

者。要想达到自身目的，就要有可以直达目的的方法，这些方法必然不会万无一失，有时甚至一败涂地。为了保护自己的性命，紧要关头选择了依赖别人，最后为了保护这个人还是要牺牲自己的性命。如果公民在法律的要求下去冒险，即将面临的危险是大是小也就无须再过问了。如果统治者说："现在是你为国家利益死而后已的时候了。"那么臣民就要义无反顾地付出生命，因为正是在这个条件的庇护下，他才得以平安地活到今日。臣民的性命不再全部是大自然的赠予，也受到国家条款的制约。

这个看法也可以用来解释犯人被处死的问题。人们为了自己的性命不会断送在凶犯的手里，就会赞成这种做法。如果自己有朝一日成了凶犯，那么也难逃一死。在社会契约之下，人们考虑的最多的是怎样保全性命，而不是结束自己的性命。那些公约的拟定者肯定也不会假设自己会被处以死刑。

行凶作恶之人如果危害了社会权利，他就会成为举国憎恨的迫害国家的叛徒；他不遵守国家的律法，就等于站在祖国的对立面，也就没有资格成为祖国的一员了。此时，国家与他的生死存亡将会水火不容，必定有一个会从此消失。实际上，那些被处死的犯人都是敌人，不是人民；诉讼书和裁决书就是他侵害社会公约的证据及宣言，从此他被国家驱逐。假如他依然因为住在祖国而将自己视为其中的一员，国家就要以破坏契约的罪名毫不留情地将他驱逐出境，或者视为人民的公敌被处于死刑。这时那些被征服者就能以战争的名义来处决了。

或许人们觉得对犯人进行处罚是一种个别行为。这种说法我表示赞同。但是，实行这种处罚时应该是主权者任命其他人代他行使。尽管我的看法前后相同，可是将它们放在一起进行叙述是不现实的。

实施刑法的频率过高，只能显示政府的无用及怯懦。我们能保证有些犯人做任何事都是有坏心眼的吗？处以死刑不是可以用之无度的，不能为了杀鸡儆猴就处死犯人，除非这个犯人留着是一个潜在的危害，我们才能对他处以死刑。

而一个已经被法律或法官判以死刑的罪犯要想获得减免刑罚的权力，法律或法官也无法决定时，此时就需要最高统治者来决定了。但是，统治者对这方面的权力认知还很薄弱，使用得也很少。在一个安居乐业的国家，刑罚是几乎看不见的，这不是因为被减免刑罚的人多，而是犯罪的人很少。犯人免遭刑罚的情况只可能存在于国家已经日趋衰败、罪犯越来越多难以管制的情况下。罗马共和国时期，不论是元老院还是执政官都为未曾有过减免罪犯刑罚的想法，臣民也不会有这样的行为，即使他也会对自己做的裁决进行消除。赦免的频率过高表明这名罪犯短期内就可以无须再赦免了。这种情形一旦出现会造成怎样的后果，明眼人一下子就能看透。此时，我的心已经克制不住地在战栗了，让我不得不停笔，让那些从未犯错或自己无须被宽宥的正义之人来谈论这个问题。

# 第六章　关于法律

政治共同体得以存在并被赋予生命，依赖于社会契约的存在。我们眼下要完成的事情就是，在法律的运作下让它发挥作用并阐明自己的思想，因为这个形成政治共同体并得到巩固的初始举动，不能作为它保全自己的行为保证。

事物的原本性质决定了它的美好和井然有序，这与人类之间的约定无关。上帝才是正义的源头，所有的正义都出自上帝。假如我们都能遵从上帝赋予的正义来决定我们的行为，政府和法律就没有存在的必要了。可以确定的是，社会上有一种约定俗成的正义，这个正义要想获得认可，则必须是互通有无的。如果忽略自认的审判，完全遵从人类的看法，正义的准则就会变成无稽之谈。如果一个人对任何人都以正义相待，但别人并不如此，那么正义的准则就有害而无利。所以，为了使正义达成所愿，将权利和义务相结合，只有约定和法律可以做到。在自然环境下，所有的都是大家的；对于我不曾许诺过什么的人，我是没有任何义务的。我认为那些对自己没有作用的就是别人的，但社会中就不是如此了，所有的权利都是在法律范围内的。

但法律到底是什么呢？假若人们一直在这个片面的词义上来讨论，只会越来越糊涂；即便完整地诠释了自然法，可是国家法的意义依然得不到解释。

我在前面提到过，公意是不会针对个人意愿来考虑的，不管这份个人意愿是在国家范围内还是外。假如是国家范围外，就不属于公意；若是在国家之内，则也是属于国家的，此时，整体与他便成了两个独立的具有比较性的关系：部分是一个存在，除此之外的整体则是另一个存在。可是，如果整体失去了这一部分则不完整了。这种关系存在一天，就只有两个不同的局部。所以，两个局部之于对方都不是公意。

当全体人民对所有人都颁布了规则，他们是出于对自身的考虑，尽管这时有比较关系，那也只是从其中一个观点看全局与从另一个观点看全局两者间的关联，整体依然存在。此时，颁布规定的人出于公意，那么规定内的事宜都是普遍存在的。这种普遍存在的规定，我称为法律。

我说法律制约的对象是常见的，意思是法律思考范围内的是所有子民和未具体化的举动，个人行为法律是不属于它的思考范围的。法律可以赋予特权，但这些特权不能具体分布到个人；它也可以将公民分为三六九等，每个等级的权利都可以详细划分，但不可能指定哪个人进入哪个阶层。法律可以将一个王国的政府确立下来，并颁布好继承的准则，但它不能指定具体的人成为国王，王室里的人也不能由它来决定。简而言之，立法权的范畴不包括将某一个对象作为实行目的的职能。

上面的观点很容易让我们看出：由谁来制定法律并不是我们要问的问题，因为法律属于公意；君主的地位是否高于法律也无须介怀，因为君主也是国家成员，更不用担忧法律的公正性，因为每个人都会公正地对待自己。更不要说既然人是自由的，为什么还要受法律的管辖，只因为法律承载了我们自己的思想。

从中我们还能领会到：法律结合了意志和对象的广泛性。不论是谁，单独的发号施令是不可能成为法律的，即使主权者的命令只针对个别人，这也不是法律，不属于主权行为，而是与政治挂钩的。

所以，凡是依法治国的国家，不管其政府以何种形式存在，我都称为"共和国"，因为这样的国家才是将公众利益放在首位的，公共的事物才能被看重。一切合理的政府都是共和制的①，关于什么是政府我将在后文进行论述。

准确地说，有了社会结合才有了法律。遵守法律的

① 我认为这个词不仅指贵族制或民主制，还指那些遵循公意即依法治理的政府。政府想要合法，就要和主权者分开，只作为主权思维的执行者。这样，君主制和共和制就能共存。这点我将在下一章具体阐述。——作者注

人才应该是制定法律的人选；拟定社会规划的人，才是社会的组成人员。可是，他们如何实施规定呢？凭借心血来潮就能意见统一吗？政治共同体在何处能发表自己的思想呢？是谁的长远目光将政治共同体的思想拟成文件并公之于众呢？或者什么时间公布这个条文才是合适的呢？对于好的事物没有辨别的能力而不知自己需要什么的民众，这一任重道远的立法任务如何能承担呢？民众渴望得到幸福，可是他们没有方向也没有办法。公意永远都是准确无误的，但让公意的判断力受到影响的引导力量却总是不够理性的。所以，使他看到当前人物的实际处境，分辨出人物展现的是假象还是真相是很有必要的，必须将它引入正确的方向，使它不会轻易被别的思想左右，明确时间和目的地，要有长远目光，有必要的话学会放弃眼前的利益。个体知道幸福是什么，可总是把握不住；群众渴望幸福，却不知道幸福的方向。他们都需要引导：引导前者怎样让他们的思想跟随理性，告知后者如何得知自己需要的是什么。这样就有利于理性和意志在整体中相结合，使每个部分都能相互协作，发挥整体最大的力量。要达成这个目的，立法者变得尤为重要。

## 第七章　立法者

为了找到一个和民族相适应的最理想化的社会规则，一个在人类的各种感情中都通用，又不会影响到自己的最高的智慧是不可或缺的。尽管它和我们的天性毫无关联，但它又对我们的天性了然于心。尽管它的幸福和我们毫无关联，可是它又对我们的幸福非常关心。在时间的长河中，它看重的是将来的荣耀：在这个世纪工作，在下个世纪享受①。给人类制定法律，少了神明根本不行。

卡里古拉从事实出发，加以推导，结果柏拉图把他

① 一个国家的人民出名时，也就是在他们的立法工作走向没落时。没有人清楚莱格古士建立的制度让斯巴达人享受了多少个世纪的幸福以后，希腊其他地方的人民才开始关注斯巴达人的情况。——作者注

的方法变成了从权利出发来进行推导了。柏拉图在自己的书中，从权利的层面对自己所追寻的统领或君王的人物形象进行了描绘。可是，即便一个杰出的君王举世少见，那么，一个杰出的立法者又会是个什么样的人物呢？后者给前者拟订了行为准则，机器是由后者发明的，前者只是安装和启动而已。孟德斯鸠说："社会成立时，制度的制订者是共和国的领袖，而从此以后，共和国的领袖就要由制度来打造了。"

一个国家的立法者必定是有强大的信心和非凡的能力的人，相信自己可以对人的天性加以改变。在他的作用下，每个完整和独立的个体都可以被转化成一个更大的整体中的一分子，他可以根据相应的方式从这个整体中找到自己的存在感，并提高素质，进而摒弃我们作为自然的个体存在，换成有道德的整体的一部分的存在。总而言之，立法者必须把人本身具有的力量掠夺走，而赋予他外部的、必须依靠外人协助才能运用的力量。他愈是掠夺这种天然的力量，社会就会拥有愈强大的力量，存续的时间也就愈久，制度也就更加完善和牢固。这样一来，所有公民都必须借助别人的力量，才能办成一件事。假如集体获得的力量和所有个人的天然力量的总和相等或还要大一些，那么，立法工作就达到几近理想化的程度。

不管从哪个方面来看，在一个国家中，立法者都是一个非常了不起的人物。不单单是因为他天赋异禀，而且这也是由他的工作决定的。他不是从事行政方面的工作，也不是从事行使主权方面的工作。共和国由他一手打造，可是他的工作和共和国所有部门都不相关。他从事的是一项特殊的、超脱的工作，不同于人世间的任何其他工作。原因是，假如说负责管理人的人，去管理法律就不合适，那么，负责管理法律的人，去管理人也不太合适。要不然，他的情感就会影响到他的法律，所以难免在他神圣的事业中加上他个人的观点。

莱格古士为他的国家制定法律时，第一步是逊位，之后才制定法律。大部分希腊城邦通常都会这样做：由外邦人负责制定法律，如今的意大利共和国和日内瓦共和国通常也效仿这种做法，还对这种做法大加称赞①。罗马在发展最鼎盛的时期就已经发现，因为立法权和主权都被那么几个人攥在掌心里，国内由此出现了不少暴政的罪行，国家的灭亡也就变成了早晚的事。

可是，十人会议自身从来没有幻想过仅凭他们的权威就有权制定法律。他们告诉人民："我们不管向你们提出什么建议，必须征得你们的许可，才能变成法律。罗马人啊，要想制定出给你们造福的法律，制定者必须是你们自己。"

由此可见，拟订法律的人是没有立法权的，而且不应该有，而人民本身就算有这个意愿，自己这个必须由自己行使的权利也不能被自身剥夺。因为，根据基本公约，个人只能被公意所管束，而个别意志和公意是否相

---

① 加尔文在某些人眼里，只是一个神学家，而没有发现他的天赋。他为了制定我们的英明的法令，付出了不少心力，所以和他的《原理》一样，他因此得到了无上的荣耀。虽然随着时间的流逝，在我们的宗教信仰中产生了无与伦比的变化，可是，只要我们心中还拥有对祖国和自由的爱，我们就会一直记得这个伟人给我们带来的恩惠。——作者注

符，取决于人民举行的自由投票的结果。我在前面已经对这一点进行过说明，可是，我在这里重申一次，当然是有我的用意的。

如此一来，就会有两种好像彼此不相关的情况出现在立法工作中。它不仅是一项超然的事业，而且在执行时又是一个至高无上的威信。

此外，我们还要关注一个困难。那就是：立法者在把法律讲给普通老百姓听时，必须要用普通老百姓听得懂的语言，他们才能听懂。可是，有很多法律概念是没办法用人民的语言表述出来的。人民无法理解那些太过整体的理念，以及离他们十万八千里的目标。在政府制订的各种计划中，每个人感兴趣的部分只会是那些和他们的个人利益息息相关的计划。

所以，就算法律再好，如果要求他们不停地牺牲自己的利益，他们也难以理解这样的法律好在哪里。要让一个新兴民族对完善的政治准则有所领悟，并遵照和国家利益相符的基本规则行事，就必须把结果当作原因，让原本属于制度产物的社会精神凌驾在制度上面，在法律还没有出现之前，人民就已经变成了有了法律约束以后的样子。所以，立法者只有采用一种非强力也非说理的办法来管束人、震慑人，而不能采用强制性办法和说理性办法。

不管在哪个时代，国家的创建者们都必须向上天求助，并用神的智慧夸大他们的智慧。其原因就是让人民无限遵守国家的法律，就好像遵从自然的规律一样。还要让人民意识到，无论是人群的整合还是城邦的形成，其权威都是一样的，之后才能更自由地服从，对于公共的福祉强制性禁锢在他们身上的牢笼，也才能更温顺地接受。

立法者把这种常人难以理解的崇高的说教利用起来，给他的决定赋予神灵的意志，打着神的旗号来管束那些单凭人的智慧无法感动的人①。可是，神不会听任任何

———————

① 马基雅维里说："实际上，为了让人们对新的法律予以认可，所有立法者都会向神求助，而且，不得不承认，因为这些法律的性质决定了，必须采用这个办法，它们才会得到人们的认可。有很多好的法理，尽管明智的立法者已经认识到了它们的重要性，可它们本身不拥有让人们相信的证明。"（《李维论》，第1卷，第11章）——作者注

一个人的摆布，也不是他只要声称是对神意进行传达，大家就会选择相信。要对他的使命确实是奇迹加以验证，只有通过立法者的伟大灵魂。伪造碑文人人都能做到，可以假借某个神灵，或者贿赂一道神谕，或者对一只小鸟进行训练，让它模仿人的声音对着人的耳朵叫唤，或者用更拙劣的办法来让人民上当受骗。可是，尽管精通这些把戏的人可以把一群愚昧的人短时间集合到一起，可是他无论如何也不能打造一个国家。要不了多长时间，他所做的那些荒诞不经的事都会和他一起消失。不真实的威望不可能保持长久的联系，必须动用智慧的力量。直到现在，依然没有消失的犹太法律，还有以实玛利的儿子制定的法律，已经对半个世界统治了长达十个世纪，如今那些把这两种法律制定出来的人的伟大之处依然还在闪闪发光。当自高自大的哲学和宗派思想戏谑他们只是短时间的欺骗者时，名副其实的政治家却有了一个惊人的发现。在他们所创建的制度中，存在一种杰出的天才，可以让他们的丰功伟业长久延续下去。

可是，我们不能以上面的论述为依据，进而得出和华伯登相同的结论，认为政治和宗教一样，在世间存在都有一个相同的目的。而应该说，在国家刚刚成立时，在实现政治目标的过程中，宗教是一种手段。

## 第八章 人民

一座大厦在动工修建前，建筑师要对当地的土质进行考察，看看它的承受力如何。一样的道理，英明的立法者也不能先着手制定一部好的法律，而是先要对他准备为之立法的人民的接受性进行研究。就是因为这个原因，当有人邀请柏拉图给阿加狄亚人和昔兰尼人制定法律时，他没有答应。因为他发现这两个民族的人民经济方面都很宽裕，不允许存在平等。也正是因为这个原因，尽管克里特有良好的法律，坏人却层出不穷，原因就是，米诺王统治的人民身上的臭毛病太多了。

很多民族尽管没有制定良好的法律，可是他们也辉煌过一段时间，这样的民族在地球上比比皆是。当然，也有很多民族尽管制定了良好的法律，可是在国家存续期间，他们也只是短时间内对他们的法律保持敬畏之心。民族就像人，青年时期是温顺的、好驾驭的，随着岁月的流逝，会越来越难以管理。习惯和偏见一旦根深蒂固了，要想清除它们就非常难了，而且充满了危险性。就好像愚昧的和懦弱的病人，只要一看到医生，全身就会颤抖一样，甚至当你为了清除他们的不足之处，想和他们交流一下他们的不足之处时，他们都不愿意。

就像某些病痛会让人的头脑一团糟，让人忘记过去一样，在国家存续期间，有时候也难免会出现一些不安定的时期。这时，就好像病痛会伤害到人一样，人民也会因为大动乱蒙受不幸，所以会让人们害怕回忆过去，而不是忘记过去。这时，被战争洗礼过的国家可以说涅槃重生了，远离了死神，恢复了朝气蓬勃。莱格古士时代的斯巴达、塔尔干王朝后的罗马都是这样。在我们这个时代，荷兰和瑞士把暴君赶出去以后也是这样。

可是，这种事例并不多见，是特例。之所以形成这种特例，原因可以到这些特殊国家的特别体制中去找。在同一个民族中，出现两次这样的特例是不可能的。因为，他们一定还处于未开化的状态，才能再次得到自由，而他们的政治力量一旦衰败，他们就没办法这样了。这时，他们会受到忧思的折磨，即便是革命，都不可能让他们再次振作。一旦他们身上的束缚被打破了，他们这个民族就将不复存在，会分崩离析。今后，他们只会需要主人，而不会需要解放者。自由的人民啊，请你们把这句箴言牢牢记在心上：我们可以向自由看齐，但永远都不可能变得自由。

民族和人一样，也有一个成熟期。只有到了这一时期，它才会恪守法律①。可是，我们很难辨别，一个国

---

① 这段话，1782年的版本作："青年不是童年，就像人一样，每个民族都有过一个青年期，抑或说，都有一个成熟期，只有等她到了这一时期，才能让她恪守法律。"——原编者注

家的人民会在什么时候到达成熟期。假如想让它提前到来的话，必然遭遇滑铁卢。有些民族天生会受到法律的制约，而有些民族即便再过一千年也不会受到法律的束缚。俄罗斯人因为开启文明的时间太早了，所以他们不可能变成真正文明的民族。彼得在模仿上有天赋，可是他不具备真正的天赋。真正拥有天赋的人是具有开创性的，是从一无所有开始的。尽管他也做了一些好事，可是大部分事情都不太合宜。他非常清楚，他的人民是未开化的，可是他没有意识到他的人民还不够成熟，还没有达到开化的程度。当需要他的人民具备艰苦奋斗的精神时，他却想培养他的人民变成彬彬有礼的人；当需要他的人民像俄国人一样时，他却想把他们培养成德国人或英国人。因为他尝试让他的人民相信他们已经达到了一个前所未有的高度，反倒会阻碍他们也许会达到的高度。有一个法国教师对学生采用的就是这样的培养方式：他想让他的学生在幼年时期就特别机警，到最后反倒让他一无所获。俄罗斯帝国想要整个欧洲都臣服在他的脚下，可最后的结果很可能是它自己臣服在欧洲脚下。臣服在它脚下的，也就是那些它周边的鞑靼人。我觉得这场巨变是在所难免的，欧洲各国的君主都在一起努力，期盼它早点到来。

## 第九章 人民（续）

为了让一个人的身形变得窈窕，大自然就给它规定了一个范围，一旦没有在这个范围内，他要么就变成一个巨人，要么变成一个侏儒。一样的道理，一个国家如果体制优良，它的领土也不会是无限的。不能过大也不能过小，过大会难以管理，太小了无法维持它的人民生存。不管什么样的政治体，都存在一个既定的力量的限制。可是，因为连续扩张，它通常会超出这个限制。社会的桥梁连通得越广，就越不会紧张。通常情况下，比例合适的小国在治理方面，要远远好于一个大国。

这条准则可以用上千条理由来验证。第一，就像杠杆越长，那么挂在其尾端的物体就越沉一样，离得越远，行政施行起来的难度就越大。层次越多，行政的负荷就越重，因为每个乡镇都有自己的行政机关，而人民是其费用的承担者。每个县也有自己的行政机关，费用同样由人民承担。县以上还有知州、知府、巡抚和总督。越往上，人民就要承受更重的负荷，而且往往是由贫困人民来承担。最上面还有压垮所有人民的最高政府。人民要承受这么重的负荷，当然会把钱财都消耗光。相比由一个政府来治理，这么多级别的政府来治理反倒效果还要差一些。这时候，假如出现意外状况，人民就有心无力了。国家一旦出现紧急情况，通常就预示着灭亡的来临。

不但是这样，更糟糕的是：政府在执行法律时，在预防官吏叨扰百姓和胡乱用职权时，在平定边远地区的骚乱时，没有有力和果敢的手段。除此以外，对于人民根本见不着的首领，对于看上去像邻国的祖国，对于大部分和他们素不相识的同胞，他们更加觉得感情不足。
我们不可能让那么多习俗和天然条件都迥异的省份都遵
守同一种法律，在同一种治理方式下生活。可是，假如
他们归属于一个首领，而所遵守的法律却不同的话，那
么引起纷争就是在所难免的了，更何况他们之间交往频
繁，相互通婚，把别人的风俗习惯用在自己身上，所以
也难以分清，自己祖先传承下来的风俗习惯到底是好是
坏了。在这样一种人群里，他们彼此都是陌生人，因为
一个高高在上的行政权威相聚在一块儿，人们的聪明就
难以发挥出来，没有人会知道他们的美德，也没有人会
处罚他们的罪恶。首领们整日忙得不可开交，不可能对
每件事都亲力亲为，最后的结果就是，那些小吏真正行
使了对国家的管理权。而为了对公共权威（那些远离公
共权威的监督的官员们，总是想办法逃离或窃取）予以
保证，政府所采取的手段，一定会让政府筋疲力尽，让
政府无暇顾及人民的幸福，甚至在危急时刻都没有保护
自己的力量。就是这样，一个规格过大的共同体会难以

承受其自身的负荷，而被打压和摧毁。

此外，国家为了巩固自己，为了和无法规避的动乱相抗争，为了保护自己，就必须付出一定的心力，有一个坚实的根基。因为，所有国家的人民都有一种离心力，如同笛卡尔曾经所说的旋涡一样，他们会彼此影响，都想要把邻人的利益葬送掉，来让自己扩大，所以要不了多长时间，弱者就有可能被吞并。而且，只有大家都处于一定的平衡状态下，让压力保持平均的状态，大家才能让自己处于安全的状态下。

从这里可以看出，不仅需要理由来扩张，也需要理由来压缩。如果所具有的政治才能有限，那就根本没办法在这两者之间找到一个对国家生存最有益的比例。我们可以这样概括来说：后者是对内的，是绝对的；而前者是对外的、相对的，所以后者应该包括前者在内。我们首先要做好的一件事就是成立一个稳健的体制。我们对一个良好的政府的活力的重视程度，要高于关注一个广袤的土地可以给我们提供的资源。

除此以外，我们还发现：有些国家因为其自身的体制，而必须对他国的领土大肆侵犯。而且，为了让它们自身存续下去，就必须不停地对外扩张。可能它们自己觉得这种需要很好，却不知这正好代表着它们的版图已经无法再继续扩张了，它们离灭亡的时刻不远了。

## 第十章　人民（续）

我们在对一个政治共同体进行考量时，可以采用这样两种事物。一种是它的领土面积，一种是它的人口数量。在这两种数量之间，我们可以找到一个让国家确实变强大的合适的比例。人民组成国家，土地供养人民。所以，这个关系的意义就在于，国家的土地足够奉养人民，而人民的数量刚好是土地可以奉养的数量，这个比例就是相应数量的人民的最大力量的来源。因为，假如土地面积太大，那么保卫土地就是一项艰难的工作。种植土地的人力有限，物产就会过剩，这是导致防卫战争出现的近因。假如土地面积不够，那么国家就想把邻国的土地抢占过来，借以弥补自己土地的不足，这是进攻战争之所以出现的直接诱因。假如一个民族因为地理位置的原因，要么选择通商，要么选择战争，不能兼而有之，那它本身就不够坚固。它的发展不能离开它的邻居，也要受时局的影响，所以它的存在必定是动荡不安的、不长久的。它只有两条出路，要么让他人臣服在自己脚下，拯救自己；要么被他人征服，而走向灭亡。它的自由只能通过它的弱小或伟大才能得以保存。

我们不可能把国土面积和人口数量之间完美贴合的比例算出来，因为有多个因素会形成差异，像土地的品质、肥沃的程度、产物的属性、气候的关系、在这块土地上生存的居民的体质，还包括像在肥沃之地居住的人所消耗得少，而在不毛之地居住的人消耗得势必多一些。此外，像妇女生育能力的差别、国家政策对人口的繁育是否有利、一个立法者准备让他所立的法可以让多少人口生活在这片土地上也属于考虑的因素。在这一点上，一个立法者在下决断时，要以他预知的情况为依据，而不是以看到的情况为依据，要以人口必然要达到的情况为依据来判断，而不能以人口当前的状态为依据来判断。除此以外，因为每个地方还有自己独特的因素，人们就不得不拥有更多的土地，其数量远远超出他们现实的需要。打比方说，山地的人们就可以拥有更多的土地，因为山地的自然产物，也就是树木和草地，不会花费太多的劳动。而我们也从经验中得知，相比平原地的妇女们，山地的妇女们繁育后代的能力也要强一些，而且一块面积很大的坡地上，可以耕种的平地却只有面积很小的一块。相反，在临海的地方，就算是在荒凉的岩石和沙滩上，人们也可以群居，因为大部分土地的产物都可以被捕鱼取代，而且他们一定要居住在一起，才能把海盗打败。除此以外，他们还可以采取殖民的方式，让过多居民分散开去。

　　要想给一个国家打好基础，不仅需要以上条件，还需要另外一个条件。其他条件不能用这个条件代替，可是，假如这个条件不存在的话，那其他条件即便有也是白搭。这个条件就是：人民一定要拥有富足与和平。因为在国家刚刚成立时，就好像刚组建的一支军队一样，是共同体最脆弱的时刻。就算到了全然无序的时候，人们的抵抗力也强过孕育时期。因为在孕育时，所有人在意的都只是他自身的地位，而将危险弃之一旁。在这个重要性时刻，假如忽然出现暴动、灾害、战争的话，国家就无法再继续存续下去。

我并不是想说政府不能成立于这些动乱时期，实际上，很多政府在成立时，就是处于这样的状态。我是想说，正是这些政府本身，让国家走向灭亡。谋权篡位的人，通常要制造动乱或选择不稳定的时期，对公众的害怕心理加以运用，采用人民在头脑不清醒时会采纳的各种对人民有害的法律。要区分一个政府的建立者是立法者还是暴君，一个最稳妥的标志就是政府是在什么样的状态下成立的。

可是，适合于立法的是什么样的人民呢？答案是：

尽管他们已经因为某种起源、利益或约定形成一个整体，可是他们从来没有被法律真正约束过；他们头脑里没有迷信思想，也不存在难以根除的习惯；他们不仅不担心外敌忽然对自己发动进攻，对于邻国的纷争，他们也是躲得远远的，而且可以和它们中的任何一个相对抗，或者和其中一个结成同盟，对抗另一个；他们中的所有成员之间都是相互认识的；他们只会让一个人承担和其能力相符的责任；他们即便缺少其他民族的援助，依然可以活下去，而其他民族即便没有他们伸出援手，也一样可以活下去①；他们不算太富，也不算太穷，可以自给自足；最后，他们可以完美地结合一个远古民族的坚定

---

① 在两个毗邻的国家中，假如一个必须依靠另一个才能活下去的话，那么对前一个国家来说，这种局面就非常尴尬；而对后一个国家来说就非常危险。在这种状况下，不管哪个英明的国家，都将致力于快速脱离这一状态。被包围在墨西哥帝国领土中的斯拉斯加拉共和国宁愿不吃盐，也不找墨西哥人买盐，更不愿意接受墨西哥人免费赠送给他们的盐。斯拉斯加拉人发现了在这种大度后面隐藏的阴谋，所以他们的自由得以保全。这个被一个大帝国包围的小国，最后成了让那个大国覆灭的工具。——作者注

性和一个新兴民族的顺从性。立法工作之所以困难重重，原因就在于它要毁灭的东西，而不在于它一定要成立的东西。之所以很难找到成功的事例，就是因为可以和社会需要相结合的天然的纯朴的民风不多见。事实上，很难一下子把这些条件都找齐，因此就很难找到体制良好的国家。

科西嘉岛是欧洲一个可以为之立法的国家。这个民族特别英勇无畏，在重建他们的自由方面，他们所展现出来的百折不挠的精神，让一个智者去教诲他们怎样保持自由都是值得的。我可以预感到：早晚有一天，整个欧洲都会对这个小岛刮目相看。

## 第十一章　不同的立法体系

假如我们尽力去对所有立法体系的终极目的进行探究，也就是对所有人民的最大幸福进行探究，那么，我们会意识到它能够被总结成自由和平等这两个重点目标。

自由为什么是一个目标？原因是，一个人假如成为他人的附庸，那么这个人的力量就不会存在于国家共同体中。平等又为什么是一个目标？原因是，如果平等不存在，自由也就无从谈起。

我在前面已经说过政治自由的概念，而平等，我们不能单从其字面意思去对它进行阐述，认为它是指所有人的权力和财富都完全相同。它是说：所有人的权力都必须依据等级和法律来使用，不能变成暴力行为；在财富层面，不管哪个公民都不会多么富裕，也不会多么穷困。这就给所有人都提出了要求，大人物一定要在财富和权势方面有所克制，而小人物要战胜自己的贪欲和妄求①。

有人认为这种平等是没有依据的，根本不存在。可

① 你想要巩固国家吗？你就尽量让两极靠近，让国中不仅没有特别富裕的人，也没有特别穷困的人。这两个等级是天然相关的，会严重危害到公共的幸福：前者将衍生暴政的支持者，而后者将出现暴君。他们之间的交易筹码一直是公众的自由，一个买，一个卖。——作者注

是，尽管难以避免会出现权力和财富的随意使用，但依然有必要去进行修正。就是因为事物的力量总是向毁灭平等靠拢，因此才需要把立法的力量发挥出来，用来保持平等。

可是，所有一切良好的体制的这些大众化的目标，不管在哪个国家，都应该以当地和居民的实际情况之间的关系为依据来进行调节，所有民族都应该以这种关系为依据，制定一个极具个性的制度体系。虽然这样制定的体系本身不是最完美的，却是最适合运用它的国家的。打比方说土壤很贫乏吗？或者居民觉得国家的土地大大的不足吗？那么，你们就把工艺制造业发展起来，用工艺品去和你们想要的食物进行交换。相反，你们拥有的土地很富庶吗？在上面居住的居民少吗？那你们就把工艺作坊关掉，全力把可以让人口快速增长的农业发展起来。因为国家本来人口就不多，还被工艺作坊聚集在几个特定的地方，最后让国家的人口急剧下降①？开阔的沿海区域是被你们占领了吗？那你们就把所有力量都集中在打造海船，发展通商和航海事业上。你们会拥有一段美好的时光，只是要抓紧机会。你们临海的那一面是陡峭的岩石吗？那你们就好好做一个捕鱼人，你们的生活也不会出现大的动乱，很享受，很幸福。总之，排除大家都遵守的准则不说，每个民族都会出于相应的原因，让他们遵照相应的秩序，以特有的方式生活，让他们的立法只能用于他们自身。正是基于这个原因，曾经的希伯来人和近代的阿拉伯人都把宗教当作主要目标；雅典人把文学当作主要目标；迦太基人和梯尔人把商业当作主要目标；罗德岛人把航海当作主要目标；斯巴达人把战争当作主要目标；罗马人把美德当作主要目标。《论法

---

① 达让松侯爵说："对于一个国家而言，不管什么样的对外贸易，都不会带来什么真正的益处。它可以让某些人甚至某些城市走向富裕，可是对于整个国家来说，却是没有任何好处的，人民也不会由此更加安居乐业。"——作者注

的精神》的作者引用了不少事例，来对立法者是通过什
么方式将制度引向每一个这样的目的进行了论述。

　　要让一个国家的体制能真正延续下去，巩固下去，
就不能不顾及实际情况，让自然关系和法律时时刻刻都
记得达成一致，而且我们完全可以说：法律只是在对自
然关系进行保证和纠正。可是，假如立法者目标不清，
所采取的方针和事物的性质所产生的原则南辕北辙，导
致走向两个极端，分别是奴役和自由、走向富裕和繁育
后代、和平和动乱，那么，法律将在无形中受到打压，
体制会被改变，国家会深陷囹圄，最后的结果不是腐化
就是被摧毁，于是战无不胜的自然会再次拥有强大的影
响力。

## 第十二章　法律的分类

　　我们需要对方方面面的关系进行考虑，目的就是让
所有一切都井井有条，或者让公共事务所呈现出来的形

式尽可能好。先是要对整个共同体对其自身产生的影响进行考虑，即整体和整体之比或主权者与国家之比。这个比率来源于比例的中项。我们很快就会在后面提到这一点。

政治法，就是用来对这种比率进行确定的法律。假如这种法律很英明，它们就还有另一个名称，叫根本法。因为，假如说每个国家都只存在一种对秩序进行规划的好办法的话，那么，人民只要发现它，就肯定毫不犹豫地采用这种方法。可是，假如已经建设好的秩序有问题，那么人民为什么把对他们建立良好秩序造成损害的法律当作根本法呢？再加上，无论如何，对于他们的法律，人民一直都有权利更改，包括最好的法律在内。因为，假如他们愿意自我损害，那么谁有资格对他们进行劝阻呢？

成员们之间或者成员和整个共同体之间的关系是第二种关系。对于前者来说，这个比率要尽量小；而对于后者来说，这个比率要尽量大，以便所有公民都只以城邦为依靠，而不是以任何其他人为依靠。一直以来，都是采用相同的方法达成这一点的，因为国家的成员们想要获得自由，就必须动用国家的力量。民法就源于第二个比率。

不顺从与处罚的关系就是人和法律之间存在的第三种关系。为了把处罚落到实处，制定一部刑法就显得很有必要。事实上，与其说刑法是一种极其特别的法律，还不如说它是赞同所有其他各种法律。

此外，还存在第四种法律。在所有法律中，最关键的就是这一种。这种法律会长存于人们心中，只有它才能被称为国家真正的宪法。每天，它都会被注入新力量。在其他法律快要灭亡时，它可以给它们注入力量或者取而代之。它可以让一个国家的人民一直具有开拓性，摒弃权威的力量，无形中动用习惯的力量。我说的这种法律是风俗和习惯，特别是舆论。我们的政治家都还没有意识到这一点，可是其他的法律能真正落到实处，却全仰仗它。为了实现这一点，杰出的立法者都还在默默工作着。它看上去似乎只是一些零散的规章，但事实上，零散的规章只是一个结构而已，只有逐渐变成风俗才能到最后变得坚固起来。

在这几种法律中，和我的描述相关的主题，只有对政府形式加以规定的政治法。

# 第三卷

在对政府的形式展开讨论之前，我们需要首先明白"政府"究竟是什么。对于这个词的含义，迄今为止还没有人做出过准确的解释。

## 第一章　政府通论

本章内容，读者需集中精力来阅读，否则我是无法讲清楚的。

任何自由行为，都有两个必不可少的要素。这两个要素，第一个是精神上的，就是决定这个行动的意志；

第二个是物理上的，就是实行这个行动的能力。如果我想要走向一个目标，一方面是我的思想让我想去到那里，另一方面是我拥有能够走到那里的行动能力。一个想跑的瘫痪者，一个不想动的身体灵活者，他们都只能停在原处。政治体也同样有两个要素，我们依然可以将其分为意志和能力，所谓意志，就是立法权力；所谓能力，就是行政权力。没有立法权力与行政权力的结合，政治体便毫无作为。

我们在前文中已经论述过，立法权是属于人民的，且只能属于人民。与之相反，运用前文中讨论过的原则，我们可以明白：不同于立法权力和主权权力，行政权力不具有普遍性，更多的只是针对个别行为。这种个别行为既不属于立法行为也不属于主权行为，法律是主权者的一切行为。

所以，公众的力量就需要寻找一个合适的代理人，按照公众意见来展开行动；作为国家和主权者之间的纽带；如同人的身体和灵魂一样，对公共人格发挥作用。

国家为什么离不开政府，其原因就是这样。人们有时候会无法分清主权者和政府，事实上，主权者正是通过政府来为其执行对国家的管理的。

可是，政府是什么呢？政府就是在主权者和人们之间形成的一个中间体，以此达到彼此沟通的目的。其核心任务就是保障法律的执行和对自由的维护，不仅仅包括社会的自由，也包括政治自由。

我们将这个中间体的人叫作行政官或者"国王"，整个中间体叫作"君主"①。从这里也可以看出，让臣民保持对首领的绝对服从不应当被认为是契约行为的看法是正确的：因为他们是主权者委派的官员，用主权者委托给他的权利来行使行政。主权者可以在任何时候根据自己的意愿对其权力进行收回、削弱或者限制。这种权力是不可转让的，因为权力转让行为，违反了社会结合

---

① 因此，在威尼斯，即便大公不在场的时候，人们依然把大议会叫作"尊贵的君主"。——作者注

的宗旨，也与结合之后的共同体的性质是相违背的。

所以，这种行政权力的合法实施，我们就叫作政府或者最高行政；而具体执行行政行为的人或者组织，我们可以将其称为君主或者行政官。

这种中间力量，就存在于政府之中；中间力量就显示了国家和主权者之间的比例，事实上也就是全体对全体的比率。我们可以用一个连比的两外项来表示主权者对国家的比率，而中间的数字就代表了政府，两边的数字分别是主权者和国家。主权者将命令传达给政府，然后由政府负责将命令发布，同时确保其得到良好的执行。一个国家要处在良好运转的状态，就要保持良好的平衡状态，政府的平方要保持与主权者和公民的乘积相等，当然事实上公民只是主权者在另一个方面的表现。

这样我们就明白，这三项的任何一个发生变化，则其平衡就会遭到破坏。主权者试图直接行使政府的职权，或政府介入立法，或者公民拒不服从政府，这样的行为都会导致失衡、陷入混乱，能力和意志失去了统一协调，国家就会崩溃，要么成为专制主义，要么就会变成无政府状态。就像每一个连比中只会有一个中间项，一个国家也只能有一个可能的好政府。但是，世界上的国家形态各不相同，不同时代的国家形态也不一样，所以，无论是什么样的一种政府，它都可能是某个时代特定国家的好政府；无论是什么样的一种政府，它都可能是某个国家在特定时期的好政府。

为了更好地让大家理解这样的两个外项之间的比率，我以人口数量为例为大家做出更加明确的解释。

假设有一个一万名公民组成的国家，主权者作为一个集体看作一，公民以每一个个体来计算，因此，主权者与公民的比率就是一万比一。换句话说，每个公民手中掌握的权力占整个主权权力的一万分之一，当然他对主权是完全服从的。如果公民的数量增加到十万名，公民的其他状况保持不变。此时，尽管公民还是与以前一样负有立法的责任，但是其表决权力仅有十万分之一，也就是说每个人对于法律能够施加的影响只有十万分之一。所以，这种情况下，公民仍然是一，但主权者的比例因为公民人口数量的增多而增加。所以我们可以看出，随着国家不断扩大，公民的自由不断缩小。

当然，我在这里说比率增加，是从数学家的角度来说的，只是为了说明其越来越大的不相等性。或许有的人会觉得这一比率变小了，其实只是角度不同而已。数学家考虑比例是用商数来看的，而一般人则是从相同性或者相似性来衡量的。

所以，随着比率愈小，个别意志对于公众意志的影响能力越来越弱，也就是说，公民的看法对于法律来说的影响能力变小。这种情况下，便需要更强的控制力。只有随着公民数量的增加，而不断壮大其自身力量，才能够成为一个好政府。

另外，由于国家不断扩大，政府手中的被主权者委托的权力也就越来越大，会逐渐出现权力滥用的趋势和可能。所以，当政府手中掌握的可以约束公民的权力不断增加时，主权者也应当不断增强对政府的控制和约束力量。需要指出的是，我所说的力量，是一种相对力量而非绝对力量。

我们说的主权者、政府与公民之间的等比数字，不是一种完全假想的东西，这是政治共同体的性质决定的必然结果。公民作为两外项之一，其一直都是固定的"一"，当主权者的比例增大的时候，其中项也会随其变化而变化。这样也可以表明，没有唯一的、固定不变的政府模式。有多少形态各异的国家，就有多少不同性质的政府。

或许有人觉得我这里的这种说法有些故弄玄虚，因为似乎只有把人口数量做开方就足够了。其实，如果真有这样的想法的话，我想说，我只是把人口数量作为一个例子来为大家做更清晰的解释。我们所谈的比率，不仅仅有人口数量，其包括的因素很多。尽管我为了能够更好地被理解，借用了数学方式而不是用文字来做出解释，但是我并非不清楚数学的精准在精神世界中是不存在的。

政府作为一个身在其中的大政治体中的一个小政治体而存在，发挥其精神人格，一方面它代表着主权者的主动，另一方面又代表着公民的被动。并且，我们可以将其比率分解，进而出现新的比率，这样就出现了不同等级的政府，比例分解可以一直持续到不能分解的中项，这个不能分解的中项也代表着唯一的行政官或者首领。我们可以将其看作整个数列中分数级数和整数级数之间的"一"。

事实上，如果我们不愿意大费周章地去理解那么多数学术语，只要简单地把政府视为在主权者和公民之间存在的一个新的政治体就好了，作为二者之间的中间体存在。

国家和政府，这两个政治体之间最为显著的区别就在于，国家的存在来自其自身，而政府的存在则来自主权者。因此，君主用来统治的意志，只能来源于公意或者法律；政府具有的力量是公共力量在其的集中而已。政府一旦妄图脱离公意或者法律而独立行为，则整个平衡就会被打破。最后，如果君主以另外一种意志迫使公意服从，此时，两个主权者就会同时并存，只是一个是事实主权者，一个是权力主权者。一旦出现这样的状况，社会结合就会被破坏，政治共同体就会土崩瓦解。

然而，我们必须为政府共同体找到一个真实的存在，使其成为与国家共同体相区别的真实生命，能够协调全体成员，共同努力来发挥其建立的作用。让政府有一个单独的"我"，代表着政府所有成员的共同意志，并且有着维护政府的存在的意志和力量。这个单独的"我"，需要拥有召开行政会议的权力，拥有审核和解决问题的权力，拥有君主所独有的特权，并且有用来显示尊崇的头衔和权力。然而，这样的一个单独存在要如何设置，才能够让它在建立自己的体制时，不至于改变整体体制，并且要始终明确区分维护其自身存在的个别意志和维护国家的公共意志。总的来说，政府可以因为人民而牺牲，但是人民绝不可以为政府而受伤害。

虽然政府的存在是因为有另外一个政治共同体的原

因，某种程度上说，其生命是借来的，所以只能居于从属地位。然而，它依然有着自身的活力，或许我们可以说它是健康的精神。因此，在具体的运作上，只要没有违背其建立的初衷，其具体形式发生一定程度的偏移也是可以接受的。

政府与国家之间合理的比率，就是基于这些不同，根据不同国家之间不同的变化所代表的偶然和个别比率而最终产生的。如果其从属政治体的缺陷改变了其比率，那么一个好政府也有可能成为一个坏政府。

## 第二章 不同政府形式的构建原则

我们要明白为什么会有不同的政府建制原则，首先我们就要像前文中明白国家和主权者的区别一样，明白君主和政府的区别。

行政共同体，具体是由一定数量的成员组成。我们前面已经提到，主权者的比率随人民数量的增多而增大，因为同样的理由，政府和行政官的比率也是这样。

政府力量就是国家力量，这是不会变化的。所以，我们可以这样说，如果政府将过多力量用在其自身，必然用于人民的力量就会减少。

所以我们也就明白了，行政官的数量和政府是成反比的。这是一条十分重要的根本性准则，我们需要更加详细地阐述。

对于行政官个人来说，有三种意志被赋予其身上。其一，作为一个人，他有自身的固有意志，这种意志会帮助他维护自身利益；第二，作为行政官集体中的一员，必然被赋予行政官集体的意志，这种意志会帮助他维护君主利益。就政府来说，这个意志也是公共的，也是团体意志；第三，其还被赋予了主权的意志，也就是人们的意志，不管从国家的角度，还是从政府的角度，这都是公意。

在一个国家的立法体系中，正常状况下个人意志包括个别的意志都是不应当有任何影响的，这些意志都是零。政府的集体意志也应当是属于附属地位，只有公意才占有绝对的主导地位，其他的任何意志都应当以公意为唯一的标准。

但是，显示状况往往刚好相反。不同的意志中，往往越是集中的意见，其活跃度就越强。就其活跃度来说，公意事实上是最弱的。个人的意志或者说个别意志往往是最集中的，所以也是最强的，团体意志居于其中。所以，对于一个行政官来说，首先是作为他自己存在，其次再是作为一个行政官，最后才会以一个公民的身份存在。而这，与社会要求的顺序刚好是背道而驰的。

解释清楚这一点之后，我们现在假设，如果一个人完全掌握了政府，则个别意志与团体意志融为一体，团体意志此时达到了最大化。力量由意志决定，而政府所拥有的权利是不会变化的，一个人执政的政府是最为活跃的政府。

与之相反，如果政府与立法权完全融合，主权者就是君主，也就是说每一个人都是君主，所有公民都是行政官。此时，团体意志一直与公意融为一体，但其活跃度依然如同公意一样，而个人意志则因为被保留而变得十分微弱。所以，尽管政府拥有其力量，但是相对微弱的意志决定了其力量和活跃度，都是最低的。

事实上，这些比率是毋庸置疑的，这一点从其他角度上也可以很好地看出来。比如团体中的每一个行政官，总是会比公民集体中的公民更加活跃，这也导致个别意志远比主权者的意志对政府的影响更大。这是由于，每一个行政官都是政府官员，都有一定的职务和职能；而每一个公民，或者说每一个主权者，并没有任何主权的实际职能。并且随着国家的扩大，其实际力量只会越来越弱，尽管这并不和国家的扩大一定保持某种比例。然而，如果国家不变，即使增加行政官的数量，对于实际政府的力量也不会有任何增强。因为政府的实际力量就完全等同于国家的力量，这是一定的。因此，政府的活跃度、政府的实际力量的变化并不会带来绝对力量或实际力量的变化。

　　而且，随着人员的增加，政务处理会越发没有效率，过多的谨慎会错失良机。反复的研究，往往会让研究失去有意义的结果。

　　我们已经做出了说明，行政官人数增加会导致政府效率降低。前文中我们也说过，公民的数量增加需要的控制力随之增加。由此，我们可以得出一个结论，行政官和政府的比率与公民和主权者的比率应当是成反比的。换句话说，政府应当随着国家的增大而收紧，公民人数增多，行政官的人数应当等比降低。

　　但是，我这里阐述的仅仅是政府的相对力量，而不是其正当性。因为随着政府的收紧，团体意志便会更加趋于个别意志。行政官的数量增加，必然导致团体意志与公意更加接近。假如之后只有一个行政官，那么团体意志就和个人意志完全相同了。所以说，"失之东隅，收之桑榆。"而立法者考虑就是如何让政府意志和政府力量这互成反比的一对更好地结合，形成更加利于国家的比率。

第
三
卷

# 第三章　政府的分类

在前一章中，我们阐述了用政府的人数来区分政府类别或者形式的原因。本章我们就来谈谈如何对政府进行分类。

第一，政府由所有公民或者绝大多数公民组成，也就是说作为行政官的公民数量比单纯的公民要多，我们称这种政府为"民主制"。

第二，政府由一小部分人组成，其人数比单纯的公民人数少，我们称这种形式的政府为"贵族制"。

第三，政府被一个人完全掌控，作为行政官是唯一的，而其他所有人的权利都是从他那里获得的。这种形式的政府也是当前我们最为常见的一种，我们称为"君主制"或者王国政府。

我们要清楚的是，这三种形式的政府，尤其是前两种，其具体形式是有一定变化的，甚至这种变化可能很大。比如民主制政府，其行政官的数量可以等于全体公民的数量，也可以是一定数量上的减少，直到半数公民。而贵族制政府，其行政官的数量也可以从半数公民减小到数量很少的一部分人；而君主制的政府也会有所不同，斯巴达的宪法规定同时有两位国王在位，罗马帝国更是曾经有八位皇帝，但这并不意味着罗马帝国不是一个整体。不同的政府在形式上总有其相似的，所以，我们可以将其归纳为三种形式。但是事实上，政府的形式多种多样，每一个有不同公民的国家，就有独一形式的政府。

此外，一个政府在其他某些方面也会再次细分成很多部分，这也导致了在一个政府中一部分按照某一种方式来施行大政方针，而某些部分又会用另一种方式来施行大政方针。由此就产生了相互结合的更多种混合形式，但无论怎样混合，都可以找到这三种基本形式的影子。

人们总在不停地讨论，最好的政府应该是什么形式，然而很少有人看到，一种情况下好的政府形式，或许在另一种状况下就是最坏的。

假如在不一样的国家里，行政官的数量应当与公民的数量成反比。那么，通常状况下，小国更加适合民主制，中等国家更加适合采用贵族制，大国则更加适合采用君主制。当然，这仅仅是我们从原则中得出的。那么，实际中常常出现的特殊情况，又该如何呢？

## 第四章  民主制

尽管制定法律的人才是对法律理解更深的人，他们更有能力去执行和解释法律，所以看起来那些将立法权和行政权结合在一起才是最好的体制。然而，如果这样的话，政府常常会力不能及，因为本应分开的事物被混在一起，君主与主权者变成了一个人，这样事实上也就成了无政府状态。

由立法之人去执法，这是不合理的。人民共同体将他们应当关注的普遍性转移到个别性上，这也是不合理的。个人利益在公众事物中被影响是件十分危险的事情。相对于政府对法律的滥用，立法者的判断错误则会带来更严重的后果，但是判断错误对于一个人来说是无法避免的。这时，国家的本质就改变了，所以任何改革都无法得到推行。那些从不钻政府空子的人，他们的独立自主是不会被自己滥用的；那些得到了很好治理的人民，事实上也无须任何统治。

事实上，严格按照"民主制"定义来说，真正的民主制过去没有，现在没有，将来也不会有。让多数人统治少数人，这是与自然秩序相违背的；总是让人们聚集起来商讨处理公共事务，这在实际上也是难以实现的。因此，必然需要设立很多相关机构，政府的形式也会发生必然的改变。

所以，在我看来有这样一条准则存在：如果由多数人掌握政府的职权，最终的结果就是权力迟早会被少数人独揽。因为，就算是为了使事务处理更有效率，这也是理所应当会出现的。

第
三
卷


　　而且，真正的民主政府，还需要很多条件。第一，
国家要足够小，以至于可以让人民很容易聚集起来，让
人民之间彼此熟悉；第二，还需要民风足够淳朴，这样
才不会总是陷入无休止的争论；第三，大家的社会地位
和财富要互相保持平等。没有这种平等，平等的权利一
定就不可能存在；最后，社会中要完全消除奢侈，因为
财富过多才会引起奢侈。换句话说，因为奢侈，人们就
不可避免地要去追求财富，这样财富会用不同的方式腐
化所有人，穷人毁于贪婪，富人毁于占有欲。由此，所
有人人格丧失，一部分人必然受到另一部分人的奴役，
到最后无论是富人还是穷人都会被舆论所奴役。

　　之所以有一个著名的哲学家认为美德是共和国存在
的基础，其原因正是如此。美德的缺席，会直接导致上
面所谈的条件不足。然而，他对此的论证缺乏足够的区
分，也导致他的理论不够精确，甚至也不够明晰。他没
有注意到，主权权威对于任何国家来说都是一样的，那
么所有拥有良好体制的国家，都会建立在相同的原则之

上。当然，这也与政府的形式多少有些关系。

另外，我们还需要特别说明的是，相比其他任何形式的政府，民主制政府都会更加陷入内乱和内战中。因为，只有民主制政府有着不断改变形式的趋势，这也就需要更大的勇气和警觉来维护其形式。所以，在这样的政府形式下，人民必须时刻保持充足的勇气和力量，他们必须时刻铭记一位侯爵在波兰议会中说出的这样的一番话："我宁愿自由地死，也不愿被奴役着生。"

如果真的存在一个全部由神组成的国家的话，他们一定会采用民主制。然而，对于人类来说，这样完美的政府形式是不适合的。

## 第五章　贵族制

主权者和政府，作为两种精神人格，也必然存在着两种公意，一是全体公民的意志，二是全体政府官员的意志。政府在制定其内部规定的时候，尽管可以完全依照自己的意志，但是，只有以主权者的名义，也就是人民的意志发布的命令，才能够用来管理人民，这是毋庸置疑的。

人类社会在最初阶段，是用贵族制来治理社会的，家族首领负责公共事务的讨论和决定，年轻人对那些德高望重的人保持绝对地服从，所以到今天，我们知道了长老、元老、尊长这些名称。那些北美洲的野蛮人几乎采用这种方式，一直到今天还能治理得很好。

然而，自然的不平等被制度的不平等逐渐打破。相对年龄来说，财富和地位①更加受到人们重视，于是贵族制逐渐改为由选举产生；财富以及跟财富有密切关系的权势地位可以由一代传给下一代，慢慢地，世家就形成了，政府也变成了世袭，所以有些二十岁的年轻人也能当上"元老"。

———————

① 显而易见，古人所说的 Optimates，并不是"最好的"意思，而是指"最有权势的"。——作者注

　　由此，我们可以说，贵族制也有三种模式：自然状态下的贵族制，选举产生的贵族制和世袭贵族制。第一种在最淳朴的民族相对比较适合，第三种则是最差的一种政府形式，第二种严格来说是真正的贵族制，也是最好的一种。

　　选举产生的贵族制，一方面能够有效地将两种权利做出区分，另一方面还可以对政府成员进行选择。人民的政府，每一个公民都是行政官，而选举产生的贵族制，行政官是选举产生的①，而且是从公民中选举出来的一小部分人。这样，一小部分品行端正、见识广博、经验丰富、才能卓著的人能够脱颖而出，这些优点得以保证他们成为行政官之后更好地治理国家。

　　此外，因为人数只是一小部分，更加有利于聚集，

------

　　① 极为关键的是，一定要用法律的形式对选举行政官的方法进行规定，因为，假如将这件事情全权交给君主的意志，那么就难免陷入世袭贵族制。威尼斯和伯尔尼这两个共和国就是重复了这样的错误。威尼斯共和国早就四分五裂了，而伯尔尼共和国多亏了一个英明的元老院，所以才幸存。这个例外是非常荣耀的，可也是危险丛生的。——作者注

再加上他们具有的能力，因此对于事务有更加深入的讨论，也能够让事务办理得更加顺畅，有能力受人尊敬的人总是比一些被人轻视的人更加具有威信。

总而言之，贤明之人治理国家更容易带来自然的社会秩序，只要能够保证他们对国家的治理是为了公民利益而不是为了自身利益即可。盲目地增加政府办事机构是不可取的，一百个挑选出的才能之士或许能够比两万个人做得更好。然而，我们需要注意的是：也正是从这里开始，政府共同体因为其利益，会越来越脱离公意的指导。并且，另外还有一个无法避免的倾向会将法律的部分执行力量从政府中分离。

还需要注意的是，这样国家最好不要有太广阔的幅员，人民也不可一味地直率、淳朴，否则就可以直接用公意来决定所有事务，如同好的民主制国家一样。然而，国家也不可以太过辽阔，否则行政官必然要分散到不同区域行政，这样行政官们带着主权者的权力到了那个地方，慢慢地必然会自作主张，最终成为其治理的地区的主人。

行政官的道德方面，尽管贵族制不像民主制那样有更多的要求，但是基本的道德还是必要的，诸如富人不奢侈、穷人不贪婪等，在这里绝对的平等并不是合理的，也不是适当的，就算在斯巴达也不是完全的平等。

另外，尽管选举的时候有可能出现按照财富多少来决定的状况，但通常来说，其主要动机也只是想要寻找有能力又有时间的人来更好地处理政务，并不是财富本身的影响，并不是如同亚里士多德说的是富人特有的优势。更重要的一点，因为要选举，通过对比，人们会发现，对于行政官的选举会比财富更有意义。

## 第六章　君主制

在前文中，我们谈到的君主，是作为一个人格存在的，是其国家主权的委托者，是由法律的力量结合而成的一个集体人格。现在，我们要来探讨的是当这种权利怎样被一个具体的人——一个真实存在的人——掌握的。这个人我们将其称为君主或者国王，他是唯一依据法律来行使这项权利的人。

在君主制政府体制中，一个人代替了其他政府形式下的一个集体，实现了君主精神上、身体上的统一。这样，在其他政府形式中，政府需要花费很大精力才能做到的，集中在君主制中就轻易达成了。

如此，公民意志、君主意志、国家力量和政府力量，全部处在这一动力的驱使下，整个国家机器全部由着一个人掌控，其目标是唯一的，也没有任何与之抗衡的动力。不会再有什么体制能够如同这种体制一样用最小的力量也能发挥最大的作用了。阿基米德轻松安逸地坐在大海的航船之上，并且轻松自如地驾驶者着这条大船。我不由得想到，他这个形象就像一个英明而又有手段的国王一样：坐在宫殿中，轻松自如地管理着他的国家，谁妄图指挥他，他根本不理会。

如同我们前文中所说，君主制政府比其他任何政府都更具有活力。同样，君主意志也比其他任何个别意志有更强的控制力，能够更加有力地推动其他力量一起为了某个目标而行动。然而，这个目标未必是公众的福利。而且，这种力量对国家来说是一种很大的伤害。

每一个君主都希望自己是绝对的君主。对于这样的愿望，人民告诉他，要成为绝对的君主，只有赢得人民的爱戴。这样的说法是有一定道理的。但是，在王宫之中的人对这句话百般嘲弄。诚然，人民的爱戴能够带来无穷的力量，这种力量比其他力量都要强大，这种爱戴并不稳定，也是需要一定条件的。事实上，没有任何一个君主真正以此为满足，即使是最贤明的君主也会想让人民做仆人，自己可以享有无限权力。政治说教者总是在跟国王说，国王的力量来自人民，人民富强是君主最大的利益。然而，国王们尽管口头认同，心里却明白根本不是这样。因为首先国王从自己的个人利益出发，必然让其人民弱化、贫穷化，只有这样人民才无能力反抗国王。当然我不得不承认的是，如果人民永远都对国王臣服，此时人民的力量才能被真正视为国王的力量，从而让国王拥有威震天下的力量。然而，国王首先要保证自己是国王，所以这种利益是次要的，而且我们做出的两个假设是相反的，所以国王会毫不犹豫地选择对其最有力的一条。对于这一点，撒母耳跟希伯来人反复强调，并且从马基雅维里那里也得到了反复的证实。马基雅维里常常给国王讲课，但事实上，人民才是他的真正学生。他的《君主论》就成了共和党人最为看重的教科书①。

我们通过前文中对比率的阐述可以知道，君主制对于大国来说更加合适了。此时，我们从君主制自身来分析，可以得到证明。政府人员数量增加，君主与人们的

①　毫无疑问，马基雅维里是一个不会撒谎的人，是一个好公民，可是因为他以梅第奇家族为依靠，因此必须在他的国家遭受欺压的情况下，隐藏起自己热爱自由的本性。他以那样一个被谩骂的人作为书中的主人公，这就非常清楚地说明了他的秘密动机，而他在《君主论》中的观点和他在《李维论》和《佛罗伦萨史》中的观点相互冲突，也表明这位深邃的政论家的读者们最起码都是一些无知或昏聩的人。罗马的宫廷下令对他这本书进行封杀，我觉得原因就是，他书中对罗马宫廷进行了仔细的描绘。——作者注

比率就会缩小，越来越趋于相等，所以在民主制政府中，这个比例就是"1"或者说极大地靠近"1"；而政府的紧缩，则会让这个比例变大。当一个人完全掌握政府的时候，自己的比率扩大到最大，我们就会发现，君主与人们之间隔着十分遥远的距离，彼此之间的联系十分匮乏。所以，为了弥补这个问题，就需要建立很多层级，就会出现王公大臣和贵族等，从而帮助这个遥远的距离建立联系。这些对于一个小国来说是不适合的，太多层级的官员会彻底压垮这个小国。

治理好一个大国，并不是一件容易的事。而且一个人治理，只会更加困难。然而如果国王也选择代理人协助他，结果不言而喻。

相比较共和制政府来说，君主制政府有一个无法避免的缺点，那就是：在共和制政府中，重要岗位上的官员，都是人们根据能力推举出来的，他们拥有很强的能力和丰富的经验，能够很好地完成他们的使命；而君主制政府中，那些高官们大多是一些没有太强能力的、更多只会逞口舌之快的摇唇鼓舌之辈，他们采取各种阿谀奉承的方式窃取高位，但是一旦居于要职，他们的无能就会暴露得淋漓尽致。选择官员，人民总是比君主更加能够避免错误。在共和制政府中，很少会把一个傻瓜选举成为政府首脑，而在君主制政治中，那些位居高位的人则很少有真正的能力。因此，如果有一个真正有能力的天才执政者被放在一个早已被那些无能的官员折腾得十分虚弱的国家，其强有力的治国能力能够让世人为之赞叹，并且能够带领国家开拓一个新时代。

　　君主制国家，要想得到很好的治理，其治国之人的才能与其国家的大小是有着直接关系的。一个国家，征服它远比治理好它更加容易。一根足够长的杠杆，加上一个支点，就能够撬起地球，但是如果要将地球扛在肩膀上面，那必须是赫居里士才能够做到。当然，如果一个国家在君主看来不够大，不能够施展其治国才能，即使他真的有雄才伟略（当然这并不常见），也无法让这个国家拥有很好的治理。他总是试图杀伐征战、开疆拓土，而不是考虑其人民的利益。这样的才能被过度使用，最终让人民受苦，而且这种苦难比起一个平庸的君主来说未必会少。因此我们可以这样说，一个王国，其国王每更换一次，其国家的幅员也应当相应地调整一次。与君主制相反，那些元老院治国的政府，元老院的能力基本是能够保持稳定的。通常来说国家的大小也是不变的，因此在行政方面就不会出现太大的变化。

对于国家来说，个人专制最大的问题是国王的延续性不足，而这是另外两种形式的政府所不用担忧的。一个国家的国王逝世，需要推举另外一位国王，如果采取选举的方式，在此期间就会出现权力的空档，从而使出现危险的可能性急剧增大。除非所有公民全部都是大公无私的人，能够紧密团结在一起（这在现实中是很难实现的），否则，阴谋和徇私舞弊就会乘机出现。一个用交易换来的权威来掌控国家权力，不将其付出的成本从人民身上捞回来，这是不可能的。所以，这种形式的政府，所有的事情早晚都会沦为金钱交易，从而使得在国王的治理下能够得到的和平安宁，比王位空缺时的混乱更加糟糕。

为了预防这样的情况发生，人们也想出了各种办法。人们将王位的继承人固定在某些家族中，并且建立了严格的承袭制度，从而在王位更替时减少争议。这也意味着，用一个人摄政的风险来预防选举可能出现的隐患，宁愿选择表面的平静而舍弃真正贤明的统治，宁愿推举一个孩子或者白痴继位也不愿意在国王的推举过程中出现争议。事实上，人们可能忽视了一点，当在这两种风险中开始抉择的时候，不利的状况就已经无法避免了。老丹尼斯在谴责小丹尼斯做出坏事的时候说过这样一句话："我给你做过这种榜样吗？"小丹尼斯的回答则是："啊，可是你的父亲不是国王啊。"仔细想想，小丹尼斯的话似乎有一定道理。

一个人，一旦开始具有管理他人的权力，正义性和理性就会逐渐被剥夺。人们总觉得年轻的君主们被传授了很多的治国技巧，然而他们似乎并没有因此而真正获益。事实上，首先让他们学会的应该是服从。看看历史上那些伟大的国王们吧，他们都没有真正接受过关于治理国家的教育。似乎治理国家这门学问，学的越多，能够掌握的反而越少，倒是在服从他人的过程中反而比命令他人中能够得到更多，"如何辨别一件事是好是坏，最好的办法就是假设你不是国王，你想要什么而拒绝什么"①。

这种王位缺乏有效连贯带来的结果就是：国家没有稳定的政策。因为国王的变化，或者说掌握国家实际权力的人的变化，政策会发生变化。时而一种政策，然后又变成另外一种，具体的政策目标也总会摇摆不定，行政方式也会常常改变，最后在这种变化中，朝令夕改，国家变得动荡不安。在其他形式的政府中，因为君主有很强的稳定性，所以这样的状况很少出现。简而言之，我们可以总结这么一句话：宫廷多权谋，元老院多智者。

---

① 塔西佗：《历史》，第1卷。——作者注

在共和国，国家的目标更加一致，观点也不会有太大的分歧，这样就能够一致向目标前进。而与之相反，在王国政府中，无论是王位更迭还是内阁变更，都会让国家陷入无休止的动荡之中，因为新的人总想着要做一件事："要与我的前任做相反的事情来显示自己的能力。"

所以，从这里可以看出，那些维护君主制的政论家们的诡辩是多么没有道理。在那些维护君主制的人看来，国政如同家政，君主好像家长（这个错误的说法，我们已经在前文中予以批驳），而且还对这个行政官给予极高的美化，认为他就是贤明的圣君，是所有君主的楷模。照他们这种说法，王国政府就是最好的政府形式，因为这种政府形式是最强有力的，这是毋庸置疑的。并且，除了其没有一个符合公意的团体意志以外，他就是最好的政府形式。

柏拉图曾经说过，英明天才的国王是十分稀少的①。

---

① 见柏拉图《政治篇》。——作者注

如果按照柏拉图的说法，那么我们想知道的是，天资和机遇要怎样的碰撞才能让他坐上国王的宝座呢？而且，既然受到王室教育的人必然被这种教育所败坏，那么为统治他人而接受这种教育的国王我们还能期望他贤明吗？由此可见，柏拉图的说法似乎将王国政府和一个好国王的政府混同了。事实上，要想把这种政府的本质看得更清楚，只要感受一下在其统治之下的世界就可以了，那些国王们昏聩的继位，做着昏聩的事情；即使一个本不昏庸之人，王冠也会让其变成这样的人。

当然，似乎这些难题总是在一些论述家①那里迎刃而解，他们认为没有问题。在他们看来最好的解决办法就是，保持一贯的服从。因为我们触怒了上帝，所以给我们派来了坏的国王来惩罚我们，这样的惩罚是我们应得的，也是必须接受的。就感化世人来说，这样的说法

---

① 指格劳秀斯、霍布斯和博絮埃等对君主专制予以支持的理论家。——译者注

当然有足够作用，但是用在神坛似乎远远比用在政治上更有意义。如果一位自诩医术高明的医生，他开出的处方却是让人耐心等待，我们能够认为这是个好医生吗？遇到坏政府，我们等待，可是我们更想知道的是，如何才能够建立一个好政府。

## 第七章　混合形式的政府

事实上，严格意义下的某一种单一形式的政府是不存在的。一个首领下面必然有下一级的行政官，人民政府也一定需要一个首领。由此可见，行政权力的划分总会有多少之分。所不同的是，未必就是多数依附少数，有时也会相反。

这种行政权力的划分有时候是平等的，因为政府的各个部分是相互依存的，都是不可缺少的，比如英国政府就是如此。也有各部分之间是相互独立的，但是又不够完备，比如波兰政府。这种形式是很不好的，政府行政缺乏统一性，而国家则缺乏彼此之间的联系。

究竟是单一形式的政府更好，还是混合形式的政府更好。在政治学界，也是个争论不休的问题。我对这个问题的答案，在前文阐述政府形式的时候已经做出。

就单一形式的政府本身来说，它是最好的，其最大的好处就是因为其单一。然而，一旦行政权力对立法权力的依附变弱的时候，也就是说人民对君主的比率小于君主对主权者的比率的时候，政府就无可避免地需要划分，才能让这种比例失调得到弥补。因为在这种情况下，尽管政府对人民依然拥有很大的权威性，但是划分后的权威全部集合也不会超越主权者。

当然，也可以通过一些中层行政官的设置，在一定程度上解决这个问题。中层行政官不会对政府的完整有任何损失，只是在两种权力之间努力协调和保持各自的权力。这样的政府不是混合的，但是具有节制性。

对于可能出现的相反的问题，我们也可以用类似的思路来解决。政府过于松弛之时，可以去设立让机构集中化的专门机构,这也是人民政府的普遍做法。事实上,在前一种做法中,人们划分政府是为了让政府削弱,而后一种做法则是让政府加强。政府的强弱只能维持在一定合理的程度。在单一政府中,极强的极限和极弱的极限都是普遍存在的,而混合政府则更能够带来一种强弱适中的力量。

## 第八章　没有任何一种政府形式
### 可以适合所有国家

不是任何一种自然条件下都能够生长出"自由"这一果实,所以,也不是任何国家的人们都能够真正享有自由。孟德斯鸠的这个看法让人越想越觉得正确,无论怎么尝试去反驳它,结果往往都更好地证明了这句话。

不管在哪个国家,政府中担负职务的人都是不生产只消费的。那么他们消费的是谁的成果呢?是国家公民的劳动换来的。因为有个人的劳动,所以为政府提供了消费的东西。由此也可以看出,只有人们的收获超过他们自身的需求，出现剩余之后，政治才会出现。

但是，各个国家的剩余是不一样的，有的国家很丰厚，有的国家则很微薄，有的国家则几乎没有，甚至还有国家是人民所得未达到所需的状况。因为剩余的多少，由很多因素决定，气候的好坏、土地的类型、物产的属性、人民的劳动能力以及自身消费能力，此外还有很多与之相关的因素。

另外，政府的性质也各不相同，他们对剩余的需求也是有多有少，而决定这种需求剩余是多是少的原则就是：人们所交税负与其来源的远近，越是远离来源，负担就越重。这种负担，不是看具体缴税的多少，而是他们所交之税回到纳税人手中经历的过程，这一过程越是流畅快捷，则无论纳税多少，人民都能够拥有富足的生活，国家也能够拥有良好的财政；一旦这个过程晦涩艰难，即使所交之税很少，但是这一点点最终也不会回到纳税人身上，长期持续，人民就会被洗劫一空，国家不可能有健康的财政，人民也只能陷入贫困。

政府与人民的距离决定了税务的负担；由此我们就可以看出，在民主制政府形式下的人民，拥有最轻的负担，而君主制政府形式下的人民则拥有最重的负担，贵族制下的人民负担在二者中间。所以，对于那些贫穷又弱小的国家，只能实现民主制，中等国家更适合贵族制，而君主制只有在富国才更加合适。

通过对这个问题的思考，我们就越能清楚地看出自由国家与君主制国家之间的显著差别。在自由国家里，财富取之于民用之于民。在君主制国家里则完全不同，人民的力量总是和君主的力量相互制衡，总希望削弱对方使自己壮大。因此，专制统治的目的就不是为人民赢得幸福，而是使他们陷入贫困才更加易于统治。

在每一种环境下，我们会思考其自然条件和环境，在这样的条件之下的客观存在会要求什么样的政府形式出现，甚至也在一定程度上决定了在这样的环境下生活的是怎样的居民。那些贫瘠的不毛之地，收入抵不上付出，这样的土地就应当让其荒芜，或者交给野人；那些

劳动产出刚好满足生活所需的土地，或许适合野蛮民族
生活。这里的条件决定了政治是毫无意义的，劳动之后
获得剩余比较微薄的地方，更加适合自由民族。而对于
那些只要付出就可以有很大收获的地方，可以采取君主
制，让过多的产品被君主的奢侈所消耗。因为比起个人
浪费来说，政府吸收实际上更有好处。当然，也有一些
例外情况，但是这些例外情况最终都是对这一原则最好
的证明，因为例外情况不会维持太久，或早或晚的革命
会让事情回到其该有的样子。

一般规律和个别原因，我们应当明白其中的差异，
个别原因只能够对一般规律有一定的影响作用。就算所
有南方地区都是共和国，所有专制国家都在北方，也不
能就此否认下面这条原则的正确性，也就是：在不同气
候条件下，气候炎热的国家更适合专制制度，气候寒冷
的地方更适合野蛮的办法，只有在良好气候的温带地区
才会有良好的政治秩序。有人或许认同这条原则，但是
在具体应用上有不同的看法。他们认为，寒冷之地也存

在肥沃之地，而炎热的南方一样有不毛之地。然而，这样的疑问只会说明他的观察不够仔细，我们在前文中说过，自然条件、劳动、力量和消费等都是影响因素。

我们假设有两块一样大的土地，一块土地产量为 5，人们的消费量为 4，另一块土地产量为 10，人们的消费量为 9，尽管剩余数是相同的，但是前一块土地的剩余是其产量的五分之一，而后一块土地则为十分之一。换句话说，前一块土地的剩余量比后一块土地的剩余量高出一倍。

而且，这也不仅仅是一个产量和剩余的问题，在我看来或许没有人会认为在寒冷之地和炎热之地拥有完全相同肥沃程度的土地。并且就算完全相同，我们对比一下英国和西西里、波兰和埃及，再往南的非洲和印度群岛，再往北似乎没有了。即使土地的产量相同，但是他们的耕作方式一样吗？西西里，人们只需松松土就可以等待收获了，可是在英国要怎样地精耕细作啊！在需要更多的劳动才能够换来相同收获的地方，其产品的剩余无疑会更少。

另外，我们也必须考虑到寒冷地区和炎热地区人们对于物品的消耗量。热带地区的人民需要饮食节制才能更好地维持身体健康，如果在那里用英国人的方式生活，恐怕很快就会被痢疾和消化不良夺走生命。沙尔丹曾说过："我们同亚洲人相比，就是十足的肉食动物，如同狼一样。有人说波斯人节制饮食是因为他们产出不多；在我看来刚好相反，他们之所以产出不多，是因为他们需要的粮食本身就不多。"沙尔丹还说："如果说他们是因为土地产出不多而节制饮食的话，那至少富人不需如此，只有穷人需要节制，但事实是他们所有人吃得都不多，而且不同地区吃得多少应该与他们自己的产出能力相关，而不会全王国的人都那么节制饮食。并且，波斯人为他们的生活方式自豪，他们骄傲地说：从脸色上就能看得出我们的生活方式很好。确实，他们脸色红润，皮肤细腻光滑。而与之相反，按照欧洲人生活方式生活的亚美尼亚人，尽管是波斯的附属，他们的皮肤就很粗糙，粉刺很多，身体也不够灵活。”

越是往赤道走，那里的人吃得越少，而且几乎是素食，大米、玉米、高粱、木薯等是他们的主要食材。东印度群岛上，很多人每天用在吃上的消费不到一个苏。就算在欧洲，南北方人的食量也有很明显的差异。一个德国人一顿晚餐，或许一个西班牙人一周都吃不完。在那些食量很大的国家，他们的宴席总是奢侈豪华，英国人的餐桌上摆满了各种肉食，而在意大利，款待客人的大多是甜食和鲜花。

衣服上的消费，也有同样的差异。那些季节总是猛烈变化的地方，人们更加注重衣服的实用性和简单性。而在有些地方，衣服是用来装饰自己的，所以人们追求艳丽华贵而不是实用。在那里，衣服本身即是作为奢侈品存在的。在那不勒斯的大街上，你总是能看到那些波西里普山上的人们，穿着花花绿绿的衣服，但不穿袜子。对房子的需求也是如此。气候变化不会严重影响人的身体的地方，房子对主人来说功能性不是太重要，更重要的是美观和气派。巴黎人追求舒适温暖的住房，马德里尽管大多都拥有漂亮的客厅，但大多窗户敞开，他们的卧室则好像一个耗子窝一样。

在炎热的气候下，有更多富有营养且味道鲜美的食物，这又是一个很大的差别，而且对于其他差别也有很大的影响。意大利人喜欢吃蔬菜，因为他们的蔬菜有着可口的味道和丰富的营养，而法国的蔬菜则无人问津，总是用水浇灌出来的蔬菜本身就没有太多营养，可是问题是适合种植蔬菜的土地很多，而种菜所花费的劳动却一点也不少。这是客观存在的事实，巴巴里出产的小麦，尽管质量比不上法国的，却可以磨出更多的面粉。当然越往北方地区，其小麦出产的面粉又比法国小麦更少。由此可以推断出，从南向北，这样的依次递减的状况是客观存在的。同样的产量却只能获得较少的粮食，这难道不是明显的劣势吗？

除了上述的差异，我还需要再加一个补充差异。这是从上述差异中引申出来的，让上面的差异又被进一步

强化，相对于寒冷的地方，气候炎热的地方只需要更少
的人劳动却可以养活更多的人。这也使得专制政府得以
获得更多的剩余。在同等居民数量下，拥有的土地越是
广阔，叛乱便越发艰难，因为叛乱之人不易聚集，无法
做到迅速和隐秘，使得政府总是更加容易侦察到他们的
行为，从而尽早开始镇压。而拥有众多人口的国家，人
民本身聚集程度就较高，政府对于主权者的权利不易侵
犯。叛乱的首领们在密室中策划行动，就像政府在内阁
开会一样安全，民众在广场聚集，如同军队集合一样迅
捷。在暴君与叛乱的对抗中，政府所用的优势是更加能
够远距离行动，因为拥有更多的补给点，而民众的能量
必须实现聚集才更有力量①，一旦分散就会灰飞烟灭，

_____

① 这和我在前面第二卷第九章里所论述的大国的不利条件并不相冲
突。因为在那里，我所说的是政府对它的成员的威信，而在这里，我所说
的是它的军队对臣民进行镇压的力量。它那些散落在各地的成员是它可以
用作远距对臣民进行镇压的补给点，可是它想直接镇压这些成员，就不
存在这种补给点了。所以，在一种情况下杠杆太长将削弱政府的力量；而
在另一种情况下，则会让政府的力量加强。——作者注

就像散在地上的火药一样，只能发出星星之火，无法成为燎原之势。所以，人口越是稀少的国家，对于暴君的统治更加有利，因为野兽总是在荒野称王称霸。

## 第九章　一个好政府的标志

如果一定有人要我说出什么样的政府才是最好的，我真的是没有答案，而且无法明确地做出来。然而，我们能够这样讲：在绝对和相对的地位之中，人们融合的形式有多少种，这个疑问的完美答复就有多少种。

可是，如果有人问我一个国家的人民管理得好还是坏该用何种标准来评判，那就另当别论了。这是一个实际意义上的疑问，应该是有处理的方法的。

但是处理这个问题也不是那么容易的，因为谁都想依照自己的思维方式来处理。公民们崇尚自由，而臣民们却崇尚公众平平安安；有人注重财产保障，可另一个却注重人身保障；一部分人觉得严厉的政府是人心所向，可有部分人觉得慈爱的政府才是众望所归；一些人倡导防止犯罪，一些人倡导严惩犯罪；有人盼望每天都有美味佳肴，而有人觉得能有饭吃就足矣。有人觉得要让邻国害怕，而有人觉得应该和平共处。是不是说我们所列举的几点或其他相似的问题，众人的观点都在相同的层次，问题就迎刃而解了呢？更何况精神的数量是很难用精准的尺度来衡量的，就算在标志性的问题上能统一思想，但是在精神的数量的预估层面，要想统一思想是不太可能的。

对于自身我很诧异，明明有一个非常简洁的标尺为何无人察觉，换句话说，人们为何没有认同且不断质疑呢？政治结合究竟出于何种目的呢？不就是为了守护它的成员，让他们幸福安康。那么怎样才能证明他们得到庇佑并生活得幸福快乐呢？是他们人口的数量，所以，不用再费心去其他的地方寻求这个备受争议的标志了。我们假设所有别的条件都在相同的层次，一个政府如果没有殖民、没有外来移民、不依赖规划，生活在其统治下的人民依然人数剧烈增长，生活富足，那这个政府必然让人拥护。可是，如果在其统治之下人口稀少，民不聊生，那这样的政府必遭人唾弃。统计学家们，该如何评判就是你们的任务了①。

———————————

① 以人类的幸福繁荣来讲，我们必须遵循这个原则来判定最值得我们赞扬的时代有哪些。一部分人没有完全了解文学和艺术繁华的真正含义，过于夸耀文学和艺术繁华的时代，没有看到它们所引发的可怕的后果。"唯有笨蛋才会将奴役的开始当成文化的进步。"大家必须明白：那些书里的言辞是卑劣的个人利益引诱作者们如此说的。这些人们肯定能够察觉。无论如何，一个国家的人口慢慢递减，那就不是好景的预兆。就算一位诗人一年的收入有十万利弗尔之多，那也不足以证明他所在的时代是最好的。要忽略表象上的安乐，忽略领导者的镇定，要将注意力放在整个民族的幸福之上。特别是在那些人口密集的国家中，自然灾害或许摧毁了一些州县，但不一定会发生饥荒；内部斗争或许会让首领们有所惧怕，可是不会让人们陷于水深火热之中，或许他们会暗自庆幸，要安宁一段时间才会有下一个暴虐的统治者。真正的灾难或幸福必须从人们生活的常态中形成。当一切都被禁锢之时，才会让大家走向毁灭。此时，领导者们便能任意妄为，祸害众生。"他们将哪里夷为平地，就说哪里是净土。"当大人物们的争斗蔓延着法兰西王国之时，当巴黎的副教主身藏匕首去参加全国会议之时，这也没有阻碍法国人民走上幸福道路上的脚步。曾经盛极一时的希腊也是在残暴的战争中走过来的，那时整个国家一片狼藉，可是人口依然没有减少。马基雅维里说："这样来看，是内部斗争、流放和灾难让我们的共和国逐渐壮大并繁荣昌盛的。"从让国力增强的层面来讲，公民的美好品德，他们的信仰和他们的独立自主才是强大的根本所在。随便一点波动就能震慑人民的内心，让人们获得幸福的是自由而不是和平。——作者注

第
三
卷


# 第十章　政府的滥用权力和
# 它退化的倾向


鉴于个人意志和公意一直存在冲突，因此政府持续压制主权，此种努力的力度越强，体制的转换就会越多。因为在这儿任何团体的意志都无法凌驾于君主的意志之上，所以最终君王会将主权主义者掌控，并毁坏社会公约。此种无法改变的陈旧思想，在政治共同体衍生之时开始，就逐渐走向毁灭政治体的道路，就好像人的身体终将因年华的老去、岁月的流逝而走向毁灭一样。

政府的缩水或国家的分解一般是一个政府蜕变的两种形式。

一个政府的人员由多向少变化的时候，也可以理解为从民主制转换为贵族制、从贵族制转换到君主制，政

府就必然缩水，这是政府的天然意向①。如果它从少数

---

① 威尼斯共和国在海湾中慢慢地形成过程和进步便是非常明显的实例，可是令人诧异的是，威尼斯人在时光已经走过了 1200 年以后，还想停顿在 1198 年大议会关闭之后开始的第二阶段。对于人们所谴责的大公，不管《威尼斯自由论》是如何论述的，有一点必须申明，大公并不是他们的主权者。

也许有人提出异议说，罗马共和国的成长过程截然相反，他们是从君主制转换为贵族制，再由贵族制转换为民主制。对此我不赞同。

罗慕洛斯成立之初是一个混合政府，之后才变为专制政府。因为有几个很特别的缘由，国家毁灭得非常早，就像一个刚出生的孩子还未长大就离开了这个世界。塔尔干王朝被驱逐之后，真正的共和国才开始衍生。不过在形成之初没有一个固定的形态，因为贵族阶层依然存在，因此他的事业只成功了一半。因为采用了此种形式，因此世袭的贵族制（这是合理社会里最不好的一种社会制度）就常常和民主制发生争端，所以政府的形式便动荡不安，就像马基雅维里所研究的，直至制定了保民官之后，才将政府的形式确立下来。所以，到了此时，真正的政府和民主制才稳定下来。那时人民既是主权者，也任职法官和行政官，元老院只是一个下属的行政机关。为了缓解或加强政府的施政力度，执行官本身尽管都是贵族身份，是首席执行官，在战争时期是最高的领导者，可是对于罗马来讲不过就是帮人民掌管某个部门的主管。

不过在此之后，罗马政府就依照着天然的意向而更快速地走上了贵族制的道路。贵族阶层似乎自然地销声匿迹了，贵族也不再和威尼斯和热那亚一样存活于贵族共同体之中，而是存在于由贵族和平民共同组成的元老院共同体内，甚至在保民官抢夺主权时，还存在于保民官共同体以内。事实上，如何称呼当政的人是没有什么关系的。当人民中出现了管理国家的领导时，这些领导不管被叫作什么，都是贵族制。

因为贵族制胡乱使用权力，所以一系列内战爆发，还出现了三头政治，苏拉、尤里乌斯·恺撒和奥古斯都都三人已经实际上成了真正的君主，最后在提贝留乌斯的专制统治下，国家分崩离析了。由此可见，罗马的历史不仅没有对我所讲原则的错误性进行验证，反倒对我所讲原则的正确性加以肯定。——作者注

向多数转换，那应该是松弛了，可是，这样绝处逢生的情形应该是痴人说梦了吧。

事实上，唯有在它的动力已经完全枯竭，已经弱小到无法维系它的形式的时候，一个政府才会让它的形式产生改变。可是，如果政府在已经膨胀的状况之下还要强行扩展的话，它的力量便会走向灭亡，它会更加难以维系。此时，就必须依照它的力量削减的程度来及时地填充和缩紧，不然它所统治的国家便会分崩离析。

有两种方式会呈现国家解体的状况。

在管理国家的时候君王不再以法律为根本，并且把主权者的权利剥夺，这是第一种。此时的状况和以往相比就有了很大的不同：政府没有收缩，是国家在收缩。我所阐述的要点就是：大的国家瓦解了，但是大国又变换为另一个完全由政府成员组合成的国家。对于人民来讲，这个国家才是他们的主人、他们的暴君。所以，社会公约的毁坏从政府掠夺主权之后就开始了，所有普通民众又理所当然地拥有了自由。此时，他们为何还要遵从政府，不是由于有遵从的义务，而是被逼无奈。

当只可集体行使的权利被政府成员们各自剥夺的时候，这样的状况也会发生，这自然也是一种违反法律的行为，甚至会带来更大的危害。此时我们能够肯定地说，行政官有多少，君主就会有多少，国家的分解比起政府有过之而无不及；它不是走向毁灭，就是改变形式。

在国家瓦解之时，政府胡乱利用权力（不管以何种方式利用权力）一般都被定义为无政府状态；但是不一样的就是，群氓制替代民主制，寡头制替代贵族制，我还需说明一点：暴君制会替代王政①。但是，暴君制这个词的寓意不太明显，必须做一下诠释。

在一般意义上，暴君即指一个用武力管理国家还藐视法律和正义的君主。不过从更高层次的理解上来讲，"暴君"这个词语形容的是一个原本没有资格行使王权却掠夺了王权的人。在希腊人那儿就是这样诠释这个词

---

① 着重号为原著所有。——译者注

语的。不管一个君王好与坏，如果他的权利是非法获得的，希腊人都将他们视为暴君①。事实上按照我们的理解，"夺权者"和"暴君"两者的意义基本一样。

由于不一样的事物需有不一样的称谓，我个人将"暴君"视为掠夺王权之人，将掠夺主权之人视为"专制主"。专制主是将自身凌驾于法律之上的人，而暴君只是藐视法律却依照法律管辖的人。由此能够说明，暴君或许不是专制主，但是专制主一定是暴君。

## 第十一章　政治体的死亡

就算体制最完善的政府，也会有天然的和无法规避的结局。就连伟大的罗马和斯巴达都毁灭了，可以经久

---

① "只要是在一个自由的国家一辈子掌握权力的人，就被称作'暴君'。"（科·尼波斯《米提阿底斯传》，第8章）亚里士多德说"国王"和"暴君"是有很大差异的：前者是为了自身的利益进行统辖，那后者却完全是为了人民的利益而统辖的（见《尼各马可伦理学》，卷8，第10章）。但是，希腊的所有论述家们都遵照另一种寓意来运用这一词语，特别是色诺芬的《希罗》更是如此。依据亚里士多德所讲的差异来评断，我们完全能够说，古往今来，都没有一个国王诞生于这个世界。——作者注

不衰的国家又有哪些呢？尽管我们希望确立一个长久的体制，可是，若想让它永存于世也是无稽之谈。做事情的时候想要获得胜利是没问题的，可如果妄想做根本无法完成的事情必是徒劳无功的，更别妄想可以让人的作品承载人间的事物所无法到达的牢固性了。

　　人的身体和政治体是相似的，从衍生之初就逐渐走向毁灭，况且它自身就拥有毁灭自己的缘故。但是，这两种都多多少少被赋予了健康的要素，能够让它们存活一个可长也可短的时期。人的肌体是大自然的作品，而国家是人工做成的物品。人无法掌控自己寿命的周期，可是国家的长短能由人决定。若管理它的人能创造一个好的体制，它也许可以长久地存在。尽管体制完善的国家也会走向覆灭，可是，如果不会产生什么特殊的状况让它早逝，和别的国家相比，它存活的时间也会更加长久一些。

　　主权权威是政治体生命的核心力量，国家的心脏即是立法权，大脑即是行使权，每个部分的活动皆由大脑掌控。大脑或许会死机，人却会存活。就算一个人是笨蛋，可他活在这世上。不过如果心脏不再跳跃，无论任何动物都将灭亡。

能让国家存活的是立法权，不是法律。尽管曾经的律法无法掌控现在，可是在我们看来不出声即是默认的意思。将未被主权者废弃的法律视为主权者仍然觉得它有作用，能够继续维系的。只要主权者心中想要完成的事，一旦向公众表明，若未申明废除，就代表他一定想将这件事完成得尽善尽美。

这就是人们为何如此遵从远古法律的原因。在人们眼里，远古的法律能够经久不衰，皆是因为那些想法是非常棒的。如果那时的主权者没有一直觉得那些法律是最完美的，应该早就丢弃了它们。这应该是一个体制完善的国家，法律不但未曾减弱，还蒸蒸日上、不断壮大的缘由。远古的判例，让那些法律日益受人们敬仰。相反，哪里的法律由于年深日久慢慢减弱，就代表着在哪里的立法权威已经消失，国家的生命力也随之消亡了。

# 第十二章 主权权威如何维持

主权者要想有所行动，必须是在公民全部集合在一起的时候，因为主权者除了立法权以外没有别的任何权力，所有行动只能依据法律法规，而法律又是公意的具体表现。但是这个说法让人觉得不可思议，民众数量那么多，怎么可能一下子都聚集在一起，简直是天方夜谭！但是这在现在看来完全不可能的事情在 2000 年前完全可以做到，难道人性会随着时间的推移发生变化吗？

人们的想象力是有所局限的，但是人类精神方面的事物有各种可能性，范围非常广阔，只是人性中不好的一面会将其束缚住，比如我们的缺点、陋习和偏见。一个内心自私卑鄙的人是永远不会相信一个伟人的高尚和无私的，一个奴性十足的奴隶永远也理解不了自由的意义。

我现在就来说一些已经发生过的历史，借此来印证一下在我们如今看来不可能做到但是在过去却可能做到的事情。古希腊共和国我就不说了，来说说罗马共和国吧。我一直认为罗马是个伟大的城市，罗马共和国是个伟大的国家。据统计，在最后一次人口普查中，罗马城内有 40 万人的武装力量，整个罗马共和国的人口数除去属民、外邦人、妇女、儿童和奴隶以外，至少还有 400 多万人。

显而易见，要把这么多人一次聚集到一起是多么不容易的事情啊！而事实上，罗马人不但经常聚在一起，就连几个星期都不聚集一次的情况都很少出现。他们经常在一起探讨，处理一些事情，审判一些案子，大家都聚集在广场上，行使着主权，甚至行使着一部分政府的权力。他们此时不仅是公民，同时还几乎等同于行政官员了。

回顾一下各民族的发展历史，其实不难发现，在古代有很多政府都有类似的集会，即使是马其顿人和法兰克人那样的君主制政府也不例外。不用我再多说，历史发生过的事件就足以解答所有难题了，所以我认为用已经真实发生过的事情来推断事情完成的可能性是个很好的办法。

## 第十三章　主权权威如何维持（续）

民众聚集在一起，在公意下制定了整套的法律体系和国家体制，又在大家的共同推举下建立起了自此就不用再重新建立的政府或者选定了固定不变的行政官，这些足以保持主权吗？其实还是不够，除了为了应对意外情况或是以前没有发生过的事件而召集的特殊会议之外，他们定期的集会还是要按期举行的，不能随意取消或者推迟举行，这样才方便人们避免复杂的召集手续合法地按照规定的日子正常举行会议。

但是有些集会是不合法的，只有负责召集的行政官按法定程序召集的人民集会和定期举行的法定的集会才是合法的，除此以外都是不合法的，而在不合法的集会上做出的一切决定都是无效的，因为召集集会本身就是出自法律的规定。

关于合法集会的次数，是要视情况而定的，受到很多不确定因素的影响，所以这个无法明文规定。不过我们可以这样来总结：政府的力量越大，主权者通过集会表达自己建议的次数就越多。

也许有人对此并不赞同，他认为如果这个国家只有一个城市的话，这确实是个好办法；但是如果国家太大，由很多城市组成，那集会还怎么举行，主权还怎么行使呢？是将主权按城市划分出去呢，还是选定某个城市集中主权，要求其他城市都服从这个城市的主权呢？

我既不选择主权划分，也不认为集中主权在一个城市是个好办法。第一，主权权威是唯一的。一旦划分，就意味着破坏了主权权威。第二，政治的本质就是协调好服从和自由两者的关系，所以要一个城市依据法律规定去服从另一个城市是不可能的。每个城市都是单独的个体，就像单独的一个国家一样，而"公民"这个词的意义本身就是由"主权者"和"臣民"这两个词相互关联并结合在一起而产生的。

并且我认为，将若干城市集合成一个城市并非好事，综合各种利弊来看反而是件坏事。在集合过程中，有许多恶劣的自然环境问题并不是集合在一起就能避免的，不可掉以轻心。大国固然可能出现滥用权力的例子，但是也不能就此反对缩小国家的主张。国家小并不代表就一定被大国欺压，那么该如何应对呢？其实在历史上就有很多可以借鉴的例子，往远了说有希腊成功抵抗大王，往近了说有荷兰和瑞士联合成功抵抗了奥地利王朝，历史上这些人民的智慧都是可以借鉴使用的。

如果一个国家已经尽力缩小领土却还是无法达到理想的范围，那么我们还有另外一个建议：索性不设定"首都"，让政府在国内的各个城市内流动办公，召集全国会议时也在各个城市内轮流着来。

国家想要发展得更加昌盛，那么人民是关键，有一点人们要始终牢记：每一个城市的城墙都是由许许多多破烂村屋构建起来的。只有让每个平均分布在全国各地的人民都能够享受到美好的生活和同等的权利，这个国家才能治理得越来越好，国力才能更加强盛。每当我看见哪个首都正在修建宫殿时，我就仿佛看到这个国家正在慢慢被摧毁。

## 第十四章　主权权威如何维持（续）

当被代表的人出现的时候，那么作为代表的人就失去了代表的价值，所以在人民都聚集在集会上作为集体的主权者的时候，政府就失去了代为行使主权的权力，同时行政权也停止行使。即使是公民中最渺小的一个人，他的身份也同执政官一般神圣而威严。但是很多时候人们并不知道这个法则或者完全忽略了这个法则，所以在罗马的人民大会有时会发生骚乱。集会的时候执政官就只是为人民服务的官员身份，保民官也就只不过是普通的议长①，而元老院这时没有任何作用。

人民合法集会期间，也就是君主不得不放弃主权的一段时间，这时他不得不承认还有一种权力在他之上，这种骤然失去权力的感觉让他感到不安和害怕。所以那些处于领导地位的首领们总是想方设法地阻止人民定时定期地举行集会，以此来消除这种具有保护政治体和监督约束政府作用的人民集会给他们带来的恐惧。如果公民们已经习惯了当前的安逸快活，不愿意再花费时间和力气团结起来奋力抵抗这种阴谋的话，久而久之，政府的抵抗力会越来越强大，公民失去自由只是早晚的事情，主权权威也迟早会丧失殆尽：很多城市就是这样沦陷和覆灭的。

但是有一点需要详细说一下，有些时候在主权权威和政府的专制之间会有一种中间力量的介入。

① 这个词的意思，类似于英国议会中使用这个词的意思。因为职能类似，所以让执政官和保民官时常矛盾不断，虽然二者的权能这时已经停止了。——作者注

## 第十五章 议员或代表

当公众服务成为公民们心中可有可无的事情，他们不再愿意亲力亲为地为公众服务，而是更倾向于花钱买服务的时候，这个国家就已经在走向灭亡了。要打仗了？多危险啊，待在家里多好，花些钱雇人去打仗吧。要去开会了？好麻烦啊，待在家里多舒服，推选几个议员让他们去开会吧。长此以往，在贪图安逸和金钱至上的观念腐蚀下，这个国家的最终下场是：祖国被雇佣兵奴役，被推举的代表祸害。

因为人心受到了工艺和商业的搅扰，人们把利益看得至高无上，好逸恶劳，所以人们宁愿花钱请人代自己去效劳，而不亲自动手。人们宁愿花少部分钱，从而付出更少的代价挣更多的钱，却不知花钱会让自己被奴役。奴隶才会用"钱财"这个词，城邦里是没有的。在一个完全自由的国家里，公民会亲自做所有事情，不会花钱请人效劳。他们不但亲自履行自己的义务，而且不惜付出金钱的代价。我不认可一般人的观点，可是，我觉得相比赋税来说，劳役更符合自由。

国家的体制越完善，公民会觉得公众的事情更加个人化，甚至个人的事情极为罕见，原因是从很大程度上来说，公众共同的幸福就将个人幸福涵盖进去了，所以再去追求什么特别的照顾就没有必要了。在一个管理很完善的城邦里，大家都积极赶去参加集会。反之，所有人都会相互推诿，不去参加集会。因为没有人关心集会上的事情，对于公意在集会上所处的劣势，人们早就预料到了。人们宁愿关心自己家里的事情，也不愿意去参加这种集会。良好的法律必然衍生出更优良的法律，而坏法律产生的法律一定也是更坏的。如果在说到国家的事情时，人们的态度是："这与我何干？"我们就可以据此下结论说，国家已经在走向末路。

国家的议会里之所以出现议员或代表，很显然，原因是爱国心的缺乏、个人利益的加剧、国家组织的扩大、向邻国开战，以及政府胡乱行使自己的权力。在某些国家里，人们竟然公开宣称他们是"第三等级"。如此一来，公众利益就屈居第三位了，其他两个等级的个人利益就分列第一和第二位了。

主权具有不可转让性，一样的道理，主权也只能由自己代表。事实上，主权就是公意，而意志是不可能假手他人的。它如果不是自己的意志，就一定是别人的意志，不存在中间的意志。人民的议员不能代表人民，也不是人民的代表，他们只是服务于人民的人。不管在什么事情上，他们都不能最后下结论。不管什么法律，只要没有经过人民的同意，都不能成为一项法律，都不具有效力。英国的人民还自以为自己是自由的，他们真是错得太离谱了。事实上，他们的自由仅限于选举议员期间。只要把议员选出来了，英国的人民就变成了奴隶，就什么也不是了。在他们屈指可数的自由时间里，他们使用自由的方式，刚好让他们和自由失之交臂。

近代才出现"代表"这个词，它从封建政府而来，从那种让人类觉得耻辱并让"人"这个名称损失其尊严的既罪恶又可笑的政府制度而来。在古代的共和国里，甚至在古代的君主国里，在人民中间没有出现过代表，他们的意识里压根儿就没有代表这个词。罗马时期更让人诧异，保民官具有神圣不可侵犯的地位，在人们的心里他们是不会掠夺人民的权力的，他们也未曾想过要使用他们神圣的号召力来巩固他们的领导地位。格拉古①时期的事件就足以告诉我们，人数过多不一定是好事：投票时有一部分群众不得不站到屋顶上。

不便利在那些权力和自由被广泛尊重的地方是不存在的；睿智的人总有属于他们自己处理事情的方式：他们可以吩咐手下去做保民官想做却不敢做的事，那些手下也不会有胆量以他们的代表自居。

想知道保民官代表人民的方式，只用自行想象一下政府代表主权者的方式就会明白。法律是公意，显而易

---

① 格拉古（前162—前133），罗马共和国保民官。——译者注

见，人民行使自身的立法权，旁人无可替代；但行政权可以由他人行使而且替代，因为行政权的行使必须依靠法律的力量。如果细心研讨一番就不难发现，真正将法律当作行事依据的国家是很少见的。无论怎样，可以确定的是，保民官既然没有任何行政权力，他就不能以他所有的权力之名代表罗马群众。如果他将元老院的权力据为己有则另当别论。

在希腊人眼中，这是人民的分内之事，他们会主动完成。在广场上聚会是很常见的活动。他们居住之地的气候很温和，一切劳动都有奴隶替他们完成，于是知足常乐，最让他们劳神的应该是自己的自由生活。如果这些适宜的条件消失了，同等的权力还会存在吗？你们生活的环境气候恶劣，决定了你们的生活会需要得更多①。一年里至少有半年你们不能去广场上相聚；你们闷声闷

---

① 在气候严寒的国家生活的人，如果学东方人那样奢侈、懒散，这就是给自己自制了一座牢狱。实际上，相比东方人来说，我们更容易沾染这两种坏毛病。——作者注

气讲的话，在大庭广众之下是晦涩难懂的。收入比自由更让你们在意；穷苦比被人驱使更让人难以忍受。

什么！只有奴隶制才能维护自由吗？或许是对的，因为两个极端融合了。所有并非出自自然的东西，都是不够便利的，文明社会的不便之处就更多了。糟糕到极致的事情确实存在：为了自己的自由选择牺牲他人的自由；只有让奴隶完全变成奴隶，公民才能获得自己想要的自由。斯巴达就是这样的境况。而现代社会中的人们，尽管已经没有了奴隶制，你们自己却被自己奴役着。用自己的自由去换取他人的自由。这样的行径没有什么值得夸耀的。我发觉你们的行为是因为你们的懦弱而不是宅心仁厚。

以上言论不是表明没有奴隶就不行，也不是想表明奴隶制是合理的，前面的文章已经证明了我的观点。我仅仅是为了阐述现代人自以为的自由与古代人之间的区别产生的原因。总体来说，人民为自己的国家选出了主权者，自由就与他们没有任何关系了，他们也就人微言轻了。

从各个角度细细研讨后，我得出结论，只要国家不是寸土之地，主权者就很难在人民间行使他的权力。但是，如果国家真的很小，它应该很轻易就被征服了吧？不，不会的。我将在后面①说明如何将大国的外在力量与小国的优良政策与社会秩序相结合。

## 第十六章　政府的创建不是一项契约

立法权确定之后，行政权就会依势而立，因为行政权的使用只能是个人行为。行政权不从属于立法权，因此它们之间是完全独立的。如果主权者因为自身身份便被理所应当地认为可以行使相应的行政权力，这就会让权力和实际混为一谈，法律的定义在人们的心中也会变

———————

① 这原本是在此书的后续部分准备探讨的问题，因为对外关系的讨论，离不开联邦，而这个问题还是第一次出现，它的原则还有待确定。——作者注

得模糊。这种腐烂的政治体系很快就会沦为施暴者的腹中餐，尽管它建立之初是为了抵抗暴力。

按照社会契约，人人平等，因而需要全体一起决定的事情，就要综合所有人的意见，没有人可以强制性要求他人去做本身不愿做的事。主权者创立政府之初，赋予君主的就是保证政治体得以存在与行动时不可缺少的权力。

也有人觉得，建立政府的举动是群众自发性地给统治者增加的一份公约，遵循这一契约，双方应履行的义务才有迹可循，即命令一旦下达，另一方必须无条件执行。可我始终觉得这种方式简直稀奇古怪！我们来仔细研究一下他们的主张是否成立。

首先，最高权威不可更改亦不能转让。想要束缚它，无疑是毁了它。主权者要给自己找一个上级，这种言论是很荒诞的，也是冲突的；自身有了一个需要听命于主人的义务，也等于给了自己绝对的自由。

其次，显而易见，无论人民和谁签下公约，都属于独立行为，这不属于法律的范畴，更不是一种主权行为，所以是不合法的。

我们还能得到这样的结论：签约的双方都是在仅有的自然法范围内，他们之间许诺的任何义务都是不可靠的。而政治形态与这些言论都是背道而驰的。由于手握大权的人是公约的执行者，因而这样的签约行径，就等于强迫一个人对另一个人说："我给你我所拥有的一切，以后你愿意还我多少凭你自己的意愿。"

一个国家能存在的契约只能是联合性的。这个契约一旦存在，其他的契约都要被排除在外。另外一个公共契约如果存在，不可能不对最初的契约造成损害。

## 第十七章 政府的创建

我们应该用何种方式来考虑建立政府的举动呢？首先要说明的是：这种举动是一种联合行动，或者说是两种不同的行径组成的：法律的拟定与实施。

前一种举动由主权者限定形式①建立一个政府共同体。这很明显是一种法律行为。

后一种则是政府的执行官由群众决定。但由于这是一种个人行为，所以不是法律，只是由前一种法律产生的政府职能。

实行的难处在于，政府成立以前人们的政府行为意识如何拥有；群众的地位限定于主权者或臣民，他们怎样才能成为君主或行政官。

政治体系调和形式上的彼此之间的矛盾在这一点上发挥的作用简直让人惊叹。这个功能由主权突然转化成民主制而得以结束，一直是潜移默化的状态，仅仅是由一种整体对整体的一种全新的关系，群众成了行政官，然后可以完成从广泛行为到个人行为的过渡，从拟定法律转变为实施法律。

———————————

① "形式"指政府形式：民主制或贵族制，或君主制或混合的政府形式。——译者注

有实例证明的自我论断证明这种关系上的变化。在英国的国会中时常见到这样的情况：下议院在一些特殊情况下为了达到讨论事情的最佳效果会转变成全院委员会。前一秒是主权的议政大厅，瞬间变成一个常见的委员会，并且继续提出已经在全院委员会上议论的条款，再以另一种资格重新讨论本已经表决的事情。

只需一次纯粹的公益行动就能成立实实在在的政府，这样方便的形式只有民主型政府才会有。从此，这个暂时的政府，要么继续掌权（如果这刚好是它想采纳的形式的话），要么以主权者之名成立一个合法的政府，所有的行为都要依照规定。除此之外，想建立合法的政府就没有了别的方式，还要保证不违背已经确立的准则。

## 第十八章　防止政府篡权的方法

综上所述，我们能得到与第十六章中一样的观点：建立政府的举措，不是一项公约，而是法律行为。人民任命的官员才是行政权力的托付者，而不是人民的主人。只要得到人民的同意，人民不仅可以将权力交付于他们，也可以把他们罢免掉。那对于官员们来说，就是遵从的问题，而不是什么订立盟约的问题。当他们身负国家交给他们的神圣使命的时候，就是在尽自己的本分，是没有任何权利来要求任何条件的。

就算人民所创立的是一个世袭的政府，不管是某个阶层的公民世袭的贵族制政府或某个家族世袭的君主制政府，都不过是人民授予政府的一种暂时的形式，并不是一种约定。当人民需要改换其形式的时候，此种暂存的形式将会消亡。

的确，这样的更换有很大的风险。所以，如果政府和公众的利益还没有到水火不容的地步，已经稳定的政府是万万不可去动摇的。但是，此种谨慎的思虑不是一种权利的划定，而是一种政治原则。一个国家至高无上的政治权威是不可能让其首领独自掌控的，就像古往今来军权都不能完全让将军掌控一样。

　　但是实际的状况是，在差不多的情况下，人们无法依照各种重要的程序来分辨怎样的行为是正当的、合法的，怎样的行为是有害的、会引起动乱的；什么是全国人民的意愿，什么是派系的叫嚷，特别是此时依照权利的划定必须赋予那个心术不正的人的东西是人们是无法收回的，所以，因为人民被赋予了这样的义务，君王才会坐收渔翁之利，全然不理会人民的反对，仍然维持其权力，人们却不能说他篡夺了权力。由于君王能够借用自己权利的名义，巩固自己的实权，也可以用公众的安宁为托词，杜绝那些想要恢复良好秩序的集会的再度崛起，乃至挟持舆论的力量，将矛头掉转，并且会刻意滋生事端，还颠倒黑白地说那些被吓破胆的人非常拥戴他，还会去惩治那些胆敢吐露实情的人们。罗马的十人会议便是如此做的：原本他们的任期只有一年，之后又增加一年，到最后就将人民大会集会取消了，妄想将权利永久掌控。世界各国的政府一旦获得公众权力，利用这种便捷的方式谋夺主权权威的状况只是早晚的问题。

当人民对正式召开大会手续没有需求之时，我之前所讲的那种定期的集会是可以杜绝或延缓这种弊病的。如若此时君主想要阻挠的话，那就代表他是国家的公敌，想公然违抗法律。

此种为了维系社会公约的集会，从衍生之初就有两个不可或缺，还需各自投票决定的提案。

主权者是不是认可维持当前的政府形式是第一个提案。

人民是不是赞同让当前主政之人继任是第二个提案①。

在这里我来做一个设想：就是我已经说明了在国家里任何一种基础法都能废止，就连社会公约也包括在内。如果全体公民集会全都赞成撤销这个公约，那么毋庸置疑这个公约是必须撤销的。在格劳秀斯的思维中，甚至觉得任何一个人都能够离开那个以他们为根基的国家，

---

① 着重号为原著所有。——译者注

然后恢复自由之身，在远离这个国家的时候甚至可以拿
走他的财产①。由此可以看出，如果集结在一起的全体
公民无法去做他们每个人都能各自做的事，那就太可
笑了。

---

① 很明显，任何人都不应该为了躲避他的义务而抛弃自己的国家，
都不应该在国家需要他的时候而置身事外，此种当逃兵的行为是可耻的，
是会遭受报应的。这是一种叛变，而不是退出。——作者注

# 第四卷

## 第一章　公意无法摧毁

　　如果很多人集结在一起变为一个整体，他们在守护共同的生存和公共幸福层面，就抱有相同的目标。此时，国家的任何活力都是非常强大的。它有确切的方针，任何利益都非常融洽，愉悦的氛围四处满溢。如果稍稍留意就能体会到人民生活得非常幸福。政治中的钩心斗角与平等、公正和团结是相冲突的。那些善良公正的人们因为内心无比纯净，所以很少受到蒙骗。华丽的言词和蛊惑对他们不起作用，他们特别聪明，没有当笨蛋的潜质。在人民生活幸福的国家里，当我们见到很多平民百姓在大树下集结，特别睿智地议论国事时，难道不会对别的国家那种弄虚作假的行为感到恶心吗？他们装腔作势，刻意让一切都很玄乎，却落得名誉扫地、自作自受的下场。

一个管理极好的国家，对法律的需求是极少的，当需要新的法律之时，普通的民众就能看出它的重要性。首先提倡那些法律的人，无非是表明了其他人的心声。如果他坚信人们都跟他的想法一样，此时，要想将人人心中的想法形成法律，无须动用任何手段就能轻而易举地办到。

某些理论家所犯的谬误就是：当他们见到一个国家从建立之初就管理得很混乱，就很痛心地以为，若要让这个国家也如此做，根本是无稽之谈。他们自以为是地觉得，让一个能言善辩或手腕高超的人去伦敦或巴黎，就可以征服那些人民。但是他们不会想到波佛公爵如果去到日内瓦，等待他的将是教养院的严厉教规；而克伦威尔如果去到伯尔尼，等待他的将是铃铛牢的关押。

如果国力逐渐减弱和社会的桥梁逐渐垮塌的时候，如果个人利益已经处于优胜地位，小社会渐渐对大社会产生作用的时候，公共的利益便会有所改变，与之相冲突的利益就会产生，人民的呼声就会分裂，公意就不能代表全体人的意愿，那将产生抵触，人们将众说纷纭、各执一词，无论多么完美无缺的方案，不经历一场言辞激烈的争辩，是难以得到采用的。

那么最终，当国家面临解体，唯有以一种苟延残喘的方式存在之时，当社会的桥梁在所有人内心垮塌之时，当低劣的自私自利可耻地穿上圣洁的公共福利的外衣之时，公意将失去意义。谁都在心中盘算着自己的小九九，任何人都不再提出建议，就像国家从未出现过一样。不止这样，还会有人为了牟取私利借用法律的名义来让各种不正当的规章实行。

但是，公意绝不会因此而灭亡或毁坏。公意是牢不可破的、无法毁坏的，它始终纯净，只是暂时受到了更加强大的意志的压制。事实上，虽然每个人都想让自身的利益摆脱公共的利益，可是他感觉到想让它们完全分离是没有可能的，而且和他将来得到的利益相比较，他所承担的那部分公共负担是多么微不足道啊。排除这个好处，从他自身的利益来思考，他和其他人的想法相同，都特别盼望所有人都生活得幸福。就算为了财富而背叛自己那一票，他内心的公意仍然存在，他不过是在公意的层面当了逃兵。转变了问题的形态是他最大的错误，他没有正面回应别人提出的疑问，所以在投票的时刻内心的天平偏向于某个个人或团体，并未想到要对国家负责。因此，集会中的公共秩序的原则就没有以维系公意为根本，反而让公意受到怀疑，并让它来给出答复。

原本我想在这里仔细讲解一下主权行为中的投票权。任何人都无法从公民手中夺走这项权利。除了这个，我还想要说一说发言权、讨论权、分议权及提案权等：政府一直想让自己的成员享有这些的权利。可是，要想理

清这些重要的问题，是需要很大的篇幅的，因此在这里
就不仔细说了。

## 第二章　投票

　　从上一章里，我们不难发现：彰显道德水准的本来
面貌和政治体好坏的可靠标准就是对公共事务的态度。
在集会上，大家的看法如果都在同一水准，那氛围必然
融洽，公意也必然处于优势地位；如果相反，一直意见
不统一，喋喋不休，乃至大声吵闹，就说明国家在逐渐
衰弱，个人利益占据了主导地位。

　　以上所讲的情况在国家的体制有两个或更多等级之
时就不太显著了，比如罗马共和国中的贵族与平民，尽
管他们是在共和国最好的阶段发生争论的，依然将人民
大会搅成了一锅粥。但是这一特殊的状况不是实际的状
态而是表象上的，由于此时政治体本身的弱点，因此一
国之中就有两个国家存在。尽管在这一点上把两者放在

第
四
卷


一起来看不够准确，但是若将他们分散就很确切了。事实上，就算是在局势最不稳定的时候，人民的投票只要未被元老院干涉，还是进行得很顺利的，并且一般都是以多数票为准的。人民只有一种意志，公民也只有一种利益。

全体团结一致的情形也可以在轮回到另一端的时候出现。此时深陷于奴隶状态的公民失去自由也失去了意志；吹嘘和惊恐将投票变为无休止的吵闹；人们也没有了探讨的兴趣，会场之上除了赞扬功绩和德行，就是胡说八道，完全是一派乌烟瘴气的氛围。那时在皇帝统辖之下的元老院就是用这种不知羞耻的方式提出建议的。一些时候，这样的行为竟然严谨到了异常荒谬的境地。塔西佗曾说，在奥东统治下的元老们一边对维梯留斯①骂声不绝，一边又吵吵嚷嚷、大声喧哗。这样一来，即

---

① 维梯留斯（15—69），早期为罗马的将军。后来因为击败奥东，被推举为皇帝，公元69年4月被元老院认可，然而在同年10月其统治就被罗马人民推翻，他本人也死于乱兵之手。——译者注

使最后维梯留斯真的成了国王，也无法真正知道每个人究竟都说了什么。

从上面的讨论，我们可以得出这样一个结论：计算票数和分析意见的方式，应当由判断公意的难易程度以及国家的治乱兴衰两个因素来决定。

社会公约，是唯一必须得到全体通过才能实行的法律，这是由其性质决定的，政治结合可以说是世界上最自愿的行为。世界上的所有人生来就应当是完全自由的，他们拥有对自己的完全决定权。所以，一个人如果自己不同意，不管什么人都不能够出于任何意愿奴役他。如果我们认为因为其父亲是奴隶，所以他生下来就是奴隶，这就意味着他从一出生就没有被看作一个人。

在社会公约的订立过程中，如果有人不同意，当然不能强迫其同意，但是他反对也不能够代表公约就无法实行，可以将其排除在此公约的约束范围以外，也就意味着他们被看作公民中的外邦人。随着国家的建立，在国内居住，就表示对公约的认同，就表示对于国家主权的认同和服从①。

除去社会公约以外，对于其他契约来说，大多数的投票都可以实现对少数人的约束，这也是由契约的性质决定的。或许有人会有疑问，既然一个人拥有绝对的自由，为什么对于自己不同意的意志而又不得不接受呢？既然这个人要屈从于他人意志，又为什么说他有自由呢？

对此我是这样认为的，这个问题本身的提法就不妥。一个人作为一个公民，这就说明了对于国家制定的法律他是同意的，包括那些他尽管不同意而被制定的法律，如果他违反了其中任意一个条款，受到惩罚也是理所应当的。国家所有公民的意志就是公意，因为有公意的存在，所以才被认为是公民，而且是自由的。在人民的集会上提议的任何一项法律，事实上，他们并不是询问大家是否同意这项法律，而是询问公意是否同意这项法律。

---

① 这里说的住在一个国家，并不是单纯的居住。一个人的家庭、财富、安居之所、生活所需以及暴力等因素都可以让一个人在国内，仅仅通过居住，不能够做出他是遵守还是违反公约的判断。——作者注

与会公民通过投票的方式来表达对这项法律的意见，最后用票数来宣布公意的结果。当我的意见与公意不同的时候，只能说明我的意见与公意不相符合，说明我的意见错了。我认为应当是公意的其实不是公意，除此之外没有其他。如果真的按照我的意见执行了，那就违背了公意，也就违背了我本来的想法，换句话说，这才是违背了我的自由。

不过，上面的讨论都是建立在这样一个基础上的，大多数人手中掌握的意见具有公意的所有特征。如果没有这样的基础，不管你的选择是什么，其实都是违背自由的。

在前文中，我们已经详细阐述过，在公共事务的讨论过程中，个别意志是如何取代公意的，并且我们谈到了对于这一问题的有效解决办法①。关于这点，在后面

————————

① 在热那亚，监狱的门上和犯罪者使用的镣铐都有"自由"这两个字，这是一个很好的办法。这是因为，在任何国家，公民的自由只会被坏人所侵犯。如果能够让这些人全部进入监狱，那么人民才能够完整拥有自由。——作者注

还会反复提到。对于投票过程中，究竟需要多少的比例数才能够宣告成为公意，我也谈到了具体的决定原则。一张选票，可能就会打破两边的平衡；只要存在一个反对意见，就绝不是全体通过。不过，在全体通过和双方完全相等之间，还存在着若干不相等的分配形式，我们可以根据政治体的实际状况来选择合适的分配方式。

此外，这种比率的确定方式还有两个法则可以运用。第一个是，越是讨论重大的问题，越需要接近全体通过的意见；第二个是，越是讨论需要快速解决的问题，则双方票数之差就越应该缩小。对于那些需要马上决定的问题，双方票数之差有一张就足够了。如果是制定法律，那么更应当采取第一条原则；如果是事务处理，则第二条原则更加合适。当然，在实际运用过程中，二者可以适当结合，从而能够确定出最为合适的比率。

# 第三章 选举

我在前文中已经有所提及，选举君主和行政官是一种复合行为。具体来说，有两种办法可以实现，一种是选定，一种是抽签。在不同的共和国，这两种方式都被采用过。至今，在威尼斯共和国，选举大公的时候，依然是用这两种方式相混合的一种复杂方式来进行的。

孟德斯鸠曾说过："选举使用抽签的方式，其实也是与民主制的性质相符合的。"对于这一点，我也表示认同。然而，关于为什么会是这样的，孟德斯鸠说："抽签是让每个人都不会有烦恼的选举方式，同时也能够让每个公民都拥有为国效命的愿望。"这样的说法，我就不认同了。

我们如果能够意识到，首领的选举其实是政府职能而非主权职能，就能够明白，为什么我认同抽签符合民主制性质。因为我们在前文中谈过，民主制政府中，行政机关的行为愈少，则行政机关愈好。

在真正的民主政府里，行政官职务不能给担任者带来任何利益，反而会成为一种负担。任何人都无权将一项沉重的负担强加给他人，也无权给一个人而不给另外一个人，只有法律才能这样做。因为在抽签的过程中，大家所有的条件完全是平等的，选择本身也不会是由哪一个人的意志而决定。所以在这个过程中，没有任何人的因素存在其中导致法律的普遍性被改变。

在贵族制政府里，君主选择君主，政府来保存其自身。投票选举的方式在这种体制下会更加合适。

我们来看一看威尼斯大公的选举就可以明白，上面所得原则得到了很好的证明。并没有人认为威尼斯政府是一种单纯的、真正的贵族制政府。事实上，它更加接近于一种混合政府。而其选举所用的混合方式，也正好适合混合政府。或许有人会说，在威尼斯政府中，人民从来就没有占据过一席之地。而事实上，威尼斯的贵族也没有在政府中找到自己的位置，一大批穷巴拉波特①从来没有在政府中担任过任何职务，只是空有"阁下"这样的头衔，以及有权力参加大议会而已。而大议会的参会人数，就像现在日内瓦大议会一样众多。尽管其中有些声名显赫的人，但是他们并没有拥有比一般公民更多的权力。除了这两个共和国的极端差异外，通过对比，我们能够看出，日内瓦的市民恰好可以被看作威尼斯的贵族，而日内瓦的土著和居民可以被看作威尼斯的市民和人们，我们的农民可以被看作威尼斯的臣民。可以说，不论从哪个方面来看，威尼斯共和国与我们相比，除了其幅员更加辽阔以外，没有任意一点比我们更像是贵族制。仅有的一个差异就是，我们没有可以终身执政的首领，因此也就不需要抽签。

在真正的民主制国家，选举使用抽签的方式，并没有任何不合理和不便的地方。由于所有人无论是品德还

---

① 指居住在威尼斯圣·巴拉贝贫民区的穷贵族。——译者注

是能力，无论是地位还是财富，都是平等的，因此不管最后选举谁，事实上关系都不大。当然，我在前文中也做过这样的阐述，从来就不存在真正的民主制。

如果要在选举和抽签两种方式中选择一种合适的方法，那么选择的职务需要专门的能力才更加符合时，选举制会更加适合，比如选择一个军队指挥官；而选择的职务只要头脑健全、品德良好就够了，那用抽签就可以了，比如选举审判官。在一个具有良好体制的国家，所有公民都基本具备这样的条件。

在君主制政府中，国王作为唯一的行政官和国君，选择大臣的权利自然被他牢牢地握在手中，所以抽签和选举都没有用武之地。当年圣皮埃尔神父向法兰西国王建议扩大其行政机关，并且建议其成员使用选举的方式产生时，他根本就没有想到，他的这个建议是在改变政府的形式。

我原本也打算在这里对人民大会的投票和计票方法做出详细的阐述，不过在罗马政治制度史中就这些已经做出了十分详尽的阐述。如果见识广博的读者去了解一下一个二十万人的大会在公共事务和个别事务的处理时是如何运转的，那对他应该大有裨益。

## 第四章　罗马人民大会

罗马早期的可靠历史资料，我们掌握得非常少，今天人民口中流传的那时候罗马的故事，基本只是传说而已。通常来说，在世界各民族的历史中，建国史应该是最有教育意义的，那也是我们最为缺乏的。我们总是通过经验来尝试了解，各个帝国的革命是如何发生的。当前已经几乎没有新民族产生了，我们也只能依靠推测来想想他们形成的原因和过程。

我们遇到的各种习惯，无论追溯到什么时候，总是有一个起源。对于那些传说，如果也能够追溯到起源，并且经过权威认定得到有力的证据支持，也能够被我们信任。我们现在就依照这个原则，尝试发掘这个世界上最自由、最有力量的民族在那时候是如何行使最高权力的。

罗马建国，共和国诞生所依靠的军队，由阿尔班人、萨宾人和外邦人这三种人构成。我们将他们认定为三个部族，每一个部族有十个库里亚，每一个库里亚又包含了多个德库里亚。库里亚的首领称为库里昂，德库里亚的首领称为德库里昂。

另外，他们还会要求每个部族提供一百名骑士，将他们分别编成称之为"百人团"的团队。我们可以看出，最早的时候城中是不会出现这样的情况的，这仅仅是基于军事目的的考虑。然而，我觉得，罗马城虽小，却建立了一个足以成为世界中心的政体，而促使他们建立这种政体的，似乎只是一种伟大的本能。

在这样的划分之后，没过多久就出现了问题：阿尔班人的部族（Ramnenses）和萨宾人的部族（Tacienses）几乎一直维持原样。而那些外邦人的部族（Luceres），随着涌入的人越来越多，很快就比那两个部族更加强大

　　了。为了应对这样的局面，塞尔维乌斯采取的措施是，将原有的部族划分方式全部废除，并且按照当前所有人口的居住地区来重新划分。这样原有的三个部族被重新划分成了四个，各自占据罗马的一座小山，并且用山的名字为各族命名，眼前的不平等就这样被解决了，而且在一定程度上预防了未来可能出现的不平等。用这种划分方式，不仅地区被重新划分，人也被重新划分，并且做出规定，一个地区的人不得向其他地区转移，这样就让各个部族不会出现相互混合的情况。

　　塞尔维乌斯还将原有的百人团做出了扩充，原有的300人，扩充到了612人，依然用百人团来命名。这种方式简单直接地将骑士和人们做出了拆分，并且不会让人民有丝毫埋怨。

　　除了这四个部族是城市部族以外，塞尔维乌斯还划分了15个新的部族，这些部族分别居住在15个乡村，因此这15个部族被称为"乡村部族"。随着国家的扩大，"乡村部族"后来又扩充了15个。这样，从那以后一直到共和国最后，所有的部族数量都保持不变。

将部族分为城市部族和乡村部族，这是很值得一提的划时代的一种划分方法，之前从未出现过。罗马的荣光之所以能够一致延续，帝国之所以能够一直壮大，这种划分方式有很重要的作用。或许有人会说，城市部族很快就获得了权势和地位，并且在一定程度上败坏了乡村部族。可实际上，早期的罗马人对于乡村生活更加喜欢。这种喜欢最早是从那位英明的建国者①那里开始的，他将农业、军事和自由统为一体，而那些手工艺者、阴谋之辈、追逐财富和豢养奴隶的人，全部被强迫搬到城里居住了。

因为这样，所以几乎所有罗马的著名人物都在乡间生活，并且以耕种土地为生。国家访贤也需要去农村。那些最受尊重的贵族都是这样，也因此被人们尊敬和爱戴。他们宁愿在农村勤劳简朴，也不愿在罗马城终日懒

---

① 此处贤明的建国者就是罗慕洛斯。——译者注

散。城里的一个无所事事的穷困潦倒者，到了农村也会因为劳动而受到别人赞扬。瓦戎曾这样说过：之所以我们的先人们选择农村成为贤人勇士的培养场所，是很有道理的。只有在这里才能够培养出战时保卫他们、闲时供养他们的人。普林尼确定地说：乡村部族之所以被人们尊敬，是因为他们的成员总是受人尊敬的。而那些游手好闲之辈，让他们到城市部族去就当是对他们的羞辱吧。萨宾人阿皮乌斯·克劳狄乌斯回到罗马之后受到了高度的尊崇，他也被编入乡村部族，以致最后他的名字也成了这个部族的名字。而那些刚刚被释放的奴隶，则全部到城市部族，乡村部族没有一个这样的人。在共和国的全部时间里，被释放的奴隶尽管已经成为合法公民，但是没有任何人曾经担任政府公职。

尽管这样的措施有很积极的意义，但是也有些太过，因此出现了一定程度的变化，最终成为制度的缺陷。

首先，监察官拥有了让公民从部族之间转换的长期权力，这种权利一旦被滥用，对于公民转换部族就毫无节制。如此一来，监察权的意义也就失去了，并且无法带来实质性的好处。另外，由于受到拥戴、有地位权势的人都到乡村部族去了，而被释放的奴隶组成了城市部族，不再是完全根据地区来划分部族。由此一来，除非有花名册，要不然人们已经无法判断谁是什么部族了。而"部族"的含义也从地区变为身份，也就是说这个词语已经失去了其本来的意义了。

其次，由于城市部族居住较近且交通较好，所以更加便于集合，在人民大会中也常常表现得人多势众，于是出现很多无耻之徒，他们将国家利益出卖给各个部族中妄图收买选票的人。

至于库里亚，因为当初建国的人规定了每一个部族必须有 10 个库里亚，所以最早的时候罗马城一共有 30 个库里亚，分别都有其自己的庙宇、神祇、祭祀和官吏，并且有与后来乡村部族的乡村节类似的"大路节"。

但是，塞尔维乌斯采用了新的划分方式之后，30 个库里亚无论如何也没办法被平均分到 4 个部族中，任何人也不想去触动库里亚。这样，那些各自独立的每个库里亚，也就成了罗马居民习惯上的另一种划分方法。不过，这个问题只存在于城市部族，乡村部族是没有这样的问题的，因为乡村部族的划分更多的是基于民事划分，而且其征集部队的方式也是不同的。这样罗慕洛斯以前基于军事的划分方式就没有存在的价值了。所以，虽然公民都在部族名册中有了登记，但是每个库里亚并没有太多公民。

于是，塞尔维乌斯又采取了第三种划分方式。这种方式与前面两种方式没有任何关系，然而，最后成为具有最重要作用的一种。他按照财富将所有罗马人分成了六个等级。富人都位于前两个等级，穷人都位于后两个等级，其余人等则为中间两个等级。然后又将六个等级的人编入 193 个团队，也将其命名为"百人团"，这些百人团中，半数由第一等级的人来构成，而最后一个等级的人只有一个团。如此，人数最少的级别成了团数最多的级别，而最末一级只有最少的团，尽管以数量来说，罗马有一半人是最末等级。

此外，为了在人民面前掩藏其真实意图，塞尔维乌斯给这些百人团赋予了更多的军事意味。第二等级的公民组成了两个甲胄士百人团，第四等级的公民组成了四个军械士百人团。而每个等级又分别划分为青年和老年，最后一级没有这样的划分。换句话说，人们被区分成了有义务服兵役的人和因为年龄免服兵役的人。这样的划分方式因为是基于财富的划分，所以必然需要更加深入的人口调查。因此，他在马尔斯广场召集了人民大会，并且要求所有需要服兵役的人都携带武器出席。

在最后一个等级中，塞尔维乌斯没有去区分青年和老年，因为他不想让这些人拥有为国家而战的荣誉。在他看来，先要有富足的生活，才能够有保卫家园的权利。今天很多国王们的军队表现出的士气缺乏、懒懒散散，要是在当年罗马的军队中有这样的表现，人民早就蔑视着把他扔掉了，那时候的士兵就是安全和自由的保障。

在最后一个等级中的人，又被划分为"无产者"和

"按人头计数的人"。无产者还不算是真正的什么都没有，至少他们还能够贡献公民、贡献士兵。而那些按人头计数的人，则是真正什么都没有的，只能按人头计算。这样的人总是被人们无视，一直到马留乌斯时代，他们才有进入军队的权利。

这里我并不想讨论这种划分方式是好还是不好。但是，我想探讨的是，之所以这种方法会出现，与最初的罗马人民风淳朴简单、大公无私、热爱农耕、鄙视商业的特点是分不开的。如果像现在各个国家的人一样，贪婪无度、人心浮躁、尔虞我诈、人口迁移频繁，这种做法根本不可能得到二十年的实施。此外我们要特别注意的是，罗马人具有的强有力的舆论甚至比制度更加对人有约束。也正是因为如此，这种制度的弊端一定程度上被抑制了。那时的罗马，如果一个富人太过招摇，会被发配到第六等级。

通常很多人都认为那个时候分为五个等级，经过上面的阐述就应该明白，确实有第六等级。只是这一等级既无法提供拥有武器的战士，也不被赋予在马尔斯校场①投票的权力，几乎没有任何作用，因此很少有人重视。

　　这就是罗马人民的划分方式。接下来我们将就这些划分方式在大会中的作用展开讨论。我们所说的大会，被称为人民大会，通常会在马尔斯校场或者罗马公共会场召开。其具体行事按照我们上面说的三种划分方式也有三种：库里亚大会、百人团大会和部族大会。三种大会有不同的形式。罗慕洛斯创立了库里亚大会，塞尔维乌斯创立了百人团大会，人民的保民官则创立了部族大会。国家一切法律的核准，以及行政官的任用，都需要经过人民大会的讨论和通过。事实上，这三种划分方式涵盖了所有公民，一个人要么在某一个库里亚中，要么在某一个百人团中，或者在某个部族中。所以，所有人

---

　　①　之所以我要特别点出马尔斯校场，因为就是在这里举行百人团大会。其他两种大会，在公共会场或者其他场所召开。而且在这时，"按人头计数的人"才有所有人一样的公平的权利和地位。——作者注

都享有投票权。也就是说，罗马人是真正的主权者，无论是法律上还是实际上的。

大会的召开为了更加合法，并且让大会的决议有更强的法律效应，因此特别制定了有关大会的三项规定：第一，必须由具有召开此类大会权利的行政官来召集；第二，大会只能在法定的日子召开；第三，必须经过占卜并且获得好的结果。

上面的三条规定中，第一条不言而喻，无须过多解释；第二条是一种通常状况下的行政方式，因为某些日子召集大会是不合适的，比如节日或者集市日，这样的日子无法保证所有人都到场；而第三条规定，则可以保证元老院对那些骄傲狂躁的人的约束，尤其是对那些寻衅滋事的保民官。然而，保民官也基于此有其应对方法。

人民大会的职能，并不是只有立法和行政官的选举，还有其他很多政府的职能。我们甚至可以说，欧洲未来的命运都是在大会上被讨论决定出来的。基于不同的大会目的，根据大会要决议的事项，从而选择不同的大会形式。

通过对几种形式的比较，我们就能够对他们做出评判。库里亚是罗慕洛斯用来制约元老院而创立的，他通过这种形式，利用人民数量的绝对优势，从而与贵族的权势和地位相抗衡。当然，在君主制精神下，贵族还是拥有其优势的，那些被贵族保护的人必然偏向贵族，让贵族在投票中获得多数选票。这种制度是十分值得称道的，很好地保护了一些人。这也是政治与人道的完美结合，甚至可以说，正是因为有了这样的制度，共和国的精神才得以存在。可以说，罗马为世界做出了一个良好的榜样。尽管后人并没模仿，但是它在存在时期，没有出现任何缺陷。

从王政时期一直到塞尔维乌斯时期，库里亚一直被很好地继承，直到最后的塔尔干王朝被废除，所以王政时期的法律我们一般都称为"库里亚法"。

共和国时代，只有四个城市部族有库里亚，并且只限于罗马城的公民，所以这样的形式一方面无法抗衡以元老院为代表的贵族，另一方面也无法与以保民官为代表的富裕民众相抗衡，虽然他们也是平民。所以，慢慢地，这种形式开始走向没落，后来只需要 30 个小吏就可以完全取代库里亚大会。

百人团看起来是一种明显有利于贵族的制度，所以起初人们总是不能理解，为什么在百人团大会上元老院毫无优势，在执政官、监察官以及其他象牙行政官①的选举过程中总是居于下风。事实上，原因很简单，一共 193 个百人团，分为六个等级，第一等级就有 98 个百人团。也就是说，当第一等级的百人团一致通过某个决议的时候，不用计票该决议就可以通过。这样，第一等级作为最少数的人，只要他们通过了，就可以为大多数人决定了。所以我们可以看出，百人团大会是以拥有的财富而不是人数或者票数来决定结果的。

———————————

　　① 所谓象牙行政官，指的是那些有资格坐象牙椅的地位较高的行政官。——译者注

第
四
卷


　　当然，这种看法颇有些极端，所以一般采取两个方法来取得一定的平衡。首先，大多数的保民官都是平民而不是贵族，而他们也是第一级，因此可以在一定程度上与贵族相抗衡。

　　其次，由于通常状况下投票都是从第一级开始，所以一般是不从一开始就让所有百人团直接投票，而是先采用抽签的方式选出其中的一个百人团，先进行一次选举①。在另一天，再将所有百人团全部集中，就同一事项选举，这样通常会取得比较一致的结果。也就是说，带头作用，便从第一级变更为抽签了。

　　这种方式还带来了另外一个好处：在两次投票的过程中，那些来自乡村的公民更加有时间、有机会去了解那些候选人的能力、品德，这样他们可以选出自己更了解的人。只是后来，被以快速完成投票为理由，改成了

--------

　　① 首先投票的百人团后来被命名为"优先团"，优先团这个名词也是由此而来的。——作者注

在同一天选举两次。

从严格意义上来说，部族大会才是罗马人民的议会。召开部族大会的人只能是保民官，会议用来选举保民官和通过法律。元老院对部族大会不能起到任何影响作用，他们甚至没有参加的权力，而且对于部族大会通过的法律，他们依然要保证无条件地服从。从这个角度上来说，那些元老院成员甚至不享有最卑微公民的自由。然而，这种不够公平的做法被人误解了，导致一个不是全员参加的公共团体制定的法令全都失效。于是，元老院成员作为普通公民参加部族大会，他们享有所有公民享有的投票自由，但是在这个大会中他们仅仅是普通公民，对于表决的票数不能施加任何影响。在这里，元老院的首席元老与最卑微的公民拥有平等的地位。

如此众多的人参加这个大会，其投票会因为分配方式而出现不同的秩序，这种分配方式也是十分重要的。任何一种分配方式，对人们之所以愿意采用这种分配方式的原因，都起着相对的作用。

其实，我们不需要深究细节，从上面的叙述中就可以发现，部族大会对于人民政府更加有利，而百人团大会无疑更加适合于贵族制。而库里亚大会（只有在这种大会，罗马人才能够有绝对优势数量）因为只对暴君和那些心怀阴谋的人有利，所以常常被人们非议，甚至到最后，连那些阴谋之辈都不愿意用这种形式，因为他们的阴谋在这种大会中很容易暴露。诚然，在百人团大会上，罗马人的尊严才能真正体现出来，也只有这种大会能够做到真正地把所有部族都包含在内。库里亚大会没有乡村部族，而元老院和贵族则无权参加部族大会。

部族大会计票的方式十分简单，在早期的罗马人中，就像他们的风尚一样简单，尽管相比来说斯巴达人更加简单。与会之人，每个人都高声喊出其所投之票，由专门的记票员负责记录。每个部族多数票拥戴的意见就成为该部族的意见，而部族之间的多数票则成为人民决议出的意见。另外两种大会的计票方式也是相同的。这种办法下，公众如果保持必要的淳朴和诚实，对于投票给无德无才之人感到羞耻，当然是很好的办法。但是，如果有人开始贿选，秘密投票会更加适合、更加有效地杜绝购买选票这种行为，才能使那帮宵小之徒没有出卖公众利益的机会。

事实上，西塞罗对于这种变化一直持批评意见，并且认为共和国之所以最后走向末路，跟这个有很大的关系。不过，在我看来，西塞罗的说法尽管有一定的道理，但是我并不认为他是对的。反而我觉得刚好相反，就是因为变革不够，所以才使得国家没落。就像一个重病之人不可能和健康之人有相同的饮食习惯一样，一套很好的法律如果用在一个腐败的社会，也是不可能取得好效果的。这条法则的正确性通过威尼斯共和国①的存在时间就可以得到验证了。至今，威尼斯共和国尽管早已沦为一个有名无实的空架子，但是依然存在，其核心原因

---

① 威尼斯共和国，从公元 5 世纪一直存在到 1797 年，后被拿破仑的远征军击败并且废除，1866 年，威尼斯并入意大利王国。——译者注

就是他们的那些法律更加适合于坏人。

每一个人都可以得到一张选票，然后在选票上写上他们的意见，采取完全匿名的形式。投票、计票和比较票数的环节尽管也采用了很多手段，但是依然无法完全防止其中涉及的官员①可以完全不被怀疑。甚至为了防止投票舞弊和贿选，又分别采取了很多规定和禁令，那么多的禁令和规定其实已经证明了，这样其实不能真正有效地发挥作用。

共和国末期，罗马人也被迫采用一些特别手段来弥补法律的缺陷。有时候，他们会假装以神的名义，但是这只能蒙蔽普通民众，官员则不会受到欺骗。有时候他们会在那些候选人还没来得及玩弄阴谋和手段之前，忽然召集会议。有时候在大会的过程中，发现有人投了贿选之票的嫌疑，就故意增加很多废话，试图让时间被消耗。不过，针对所有的这些办法，那些野心之辈都能够

---

① 选举中负责选票的监制、分发和查询的官员。——作者注

想到应对之法。但是，让人难以想象的是，尽管有那么
多的问题存在，那么多罗马人，遵照这个旧的制度，从
来没有让行政官的选举有过任何停止，立法、审案、大
小公务的处理也从未出现过任何迟滞，几乎和元老院处
理的没有区别。

## 第五章　保民官制

如果一个国家，各个组成不能被清楚地确定，或者
总有一些无法避免的原因，让这种比例不断变化。为了
解决这个问题人们设立了一个新的机构。这个机构，在
组织关系上与政府没有直接联系，但是能够让这个比例
恢复正常，并且在君主和人们，或者说君主和主权者之
间，甚至可以同时在这两种关系之间发生作用。

这样的一种机构，我们将其命名为保民官制。该制
度作为法律和立法权的保护，一方面像前罗马时期的保
民官一样，保护和帮助主权者抗衡政府；另一方面和当

今威尼斯十人议会一样帮助政府对抗人民也很相似，此外也和斯巴达的检查委员会一样，努力来维持双方之间的平衡。

保民官制本身并不是城邦的组成部分，也不具备立法权、行政权，但是他拥有更大的权力。因为，尽管他没有任何权力做任何事，但他有权力禁止做任何事。保民官受到人民的广泛尊敬，因为他们是法律的保障，甚至比起法律的制定者和法律的执行者来说，更加受到世人的尊敬。在罗马我们常常看到，那些骄傲的、自命不凡的贵族们尽管对平民一贯蔑视，但是在保民官面前，尽管他们面对的人既不会占卜，也没有司法权，却不得不低下他们高傲的头颅。

保民官制如果得到很好的运用，能够为一个好的体制提供很强的支持作用。如果其力量一旦过度，则会颠覆一切。软弱从来不是其特征。在其权限范围内的任务，它绝对不会无所作为。

保民官制作为君主和主权者之间的纽带，一旦他拥有了行政权，行使本来应负责保护的法律，则就会演变成为暴君制度。斯巴达民风淳朴之时，监察委员会尽管拥有很大的权力，但是并没有出现太大的问题，却让风气败坏的进程加剧。最终阿基斯被他们杀死，阿基斯的儿子又杀掉了那些人。尽管监察委员因为他们的罪恶受到了应有的惩罚，但是也让共和国一步一步走向末路，在克里奥门尼斯之后，斯巴达渐入颓势，罗马的经历如出一辙，都渐渐走向灭亡。保民官一点一点地吞噬着权力，终于将用来保全自由的法律纳入皇帝麾下，让他能够肆无忌惮地将自由毁灭。威尼斯的十人委员会就是一个残暴可怕的法庭，上至贵族下至平民无不让人胆寒。它在法律蜕化之后不仅不想办法挽救，反而在暗地里想尽办法破坏。

保民官制的成员持续增加会像政府一样削减其本身的实力。罗马的保民官从开始的 2 人增加到 5 人，还企图增加一倍。元老院觉得人多可以相互制约，也默许这样的行为，这样的情况竟然真的发生了。

为了阻止这个恐怖的机构夺权，最佳策略（这是一个尚未被发现的办法）就是阻止它变成临时性的机构，明确规定它不得使用职权的时期。这种时期的长度要把握好，以免其他官员钻了职权的空子。可以制定相关法律，这样时期的长短就可以由专门的委员会来限定。

我认为这样的办法是方便可行的，因为我说过，保民官制不是国家体制不可缺少的，即便撤销了它，国家体制也不会有丝毫动摇。毕竟一个新的执政官执掌的是法律委派于他的权力，而不是他上一任的职权。

## 第六章 独裁制

法律的不可变性决定了它不可能根据实际来改变，所以在一些特殊情况下，法律反而是有害的，甚至让国家遭受灭顶之灾。处理事务的流程冗长缓慢，会耗费大量的时间，可局势是不等人的。立法者也不可能将方方面面都预知到，所以，我们要在不可能事事都做好万全准备的情况下时刻保持清醒。

因而保持政治制度的灵活性至关重要，不可以沦落到让法律停止使用职权的能力都丧失了。斯巴达就曾经让它的法律暂停过。

不到紧急关头，这种会破坏公共秩序的举动是万万不可行的。除非国家正面临生死难定的困境，任何情况下都要维持法律的神圣和权力。千钧一发之际，为保全人民的安全，可以启动特殊程序，将这个重大责任托付给一个可靠的人。然后，也可将危险分为两种来处理。

为了保护人民的生命安全，只有增强政府机能，那么可以将此交给一两个能力较强的人。这样做虽然将法律的形式做了更改，却保全了法律的威严。假如危险已经让法律的行使变为继续行进的阻碍，此时就需要一名最高执行官，他可以让法律和主权威严都停止运作。这般境地下，人民的愿望显而易见，保全国家至关重要，公意更是毋庸置疑。这样的方法只是让立法权暂停，其地位依然保留着。这位执行官尽管可以把立法权叫停，但他是不能参与立法权的实施的。他可以控制立法权，却不能作为其代表。除了立法他无权参与，其他的事情他都可以做。

罗马元老院曾采纳过第一种方法，它通过一道文书将维护国家安全的职责托付给了执政官。第二种方法由阿尔比在罗马开了先例，从两名执政者中间选出一名独裁者①。

罗马共和国刚成立之时，最常见的制度便是独裁制，因为那里的国家单靠宪法还不足以稳固。那时的一些必要防范策略在罗马人的习俗面前都剩余下来了，所以人们完全不担心独裁者会不知克制地使用其权利，也无须担心在他任职期间还有能力保存其他职权。在人们眼里，这巨石一般的权力只会让人喘不过气，早点从中解脱还能一息尚存，他们都认为这是一件吃力不讨好的事。

---

① 这种做法是在深夜里悄悄进行的，似乎羞于他人知晓人的地位高于法律。——作者注

所以，那个时代的危险在于轻视权力，不是滥用权力。这让人很难不认为罗马人民对这种最高权力的使用不够谨慎。因为，他们将这个权利用在选举、祭祀和一些形式主义的事物上时，在关键时期发挥不出威严也就是情理之中的事了。那么人们也会认为在形式上使用职权的人就是徒有其表了。

罗马人在共和国后期终于变得严谨了，原来是只要有一点可以行使独裁权的机会都不会放过，现在则完全相反。这让我们很容易知晓，他们的戒备毫无原则，首都不够强大，反而在一定程度上让它的内部空前安宁。独裁者可以保证人民的自由，但是侵犯民众的自由是绝对不被允许的。罗马的桎梏打造于军队中：马留乌斯对苏拉、庞培对恺撒都是绝对服从的。这就告诉我们：当外来武力侵入时，仅靠内部权势是不可靠的。

这些错误的观点，让罗马人民捅了个大娄子，比如在卡提利那的案子中，独裁者就没有出现。因为此事只与罗马城的内部有关，最多只是牵扯到了意大利的某个省，只用在法律的基础上赋予独裁者权力，这个阴谋就会不攻自破。但这场阴谋最后得以阻拦是由于幸运的巧合，而这种巧合，是审判者心里永远不该有的期待。

元老院非但不采用这样的做法，反而将所有的职权全数交给执政官。西塞罗为了保证自己的行动起到作用，在一个十分重要的事情上越过了自身的权利范围。尽管开门红的胜利让人们对他的做法表示认可，但后来人们因为违反法律的暴力行为责令他对其负责，也是在情理之中的。在独裁者面前，人们是不会提出这样的指责的。但谁让这位执行官能言善辩呢？他虽然是罗马人，但他对荣耀的热爱超越了对祖国的感情，所以，他不会想方设法来拯救祖国，而是会处心积虑将所有的荣誉都揽于自身①。如此也就可以理解人们将他称为罗马的解放者的举动了，批判他破坏了法律也是有理有据的。不管撤

---

① 对于谁成为独裁者，他是不敢不确定的，因为他没有胆量用自己的名，也没有信心认为同胞会选择他。——作者注

出对他的裁决是一件多么光彩的事，但可以肯定的是，那无非是一种赦免的形式。

还要说明的是，授予这种至高权力的方式多种多样，但一定要有一个期限，只能短不能长。在不得不独裁的时候，是为了拯救国家，而不是要加速国家的灭亡。所以，一旦独裁的危急时刻过去，独裁者要么成为暴君，要么无所事事。罗马独裁者的在位时间只有六个月，而且大多数的任期未到就下台了。如果规定的任期时间很长，或许他们还想接着延长，十人会议就有要将任期延至一年的想法。专政独裁者只能是用来应付危急情况的角色，是不允许用来做别的事的。

## 第七章　监察官制

法律会将公意的意愿实现，而监察官制度则是体现人民的看法。人民的看法类似于法律，而监察官则是实施者。但他只能遵照君主的样子，将此种法律用于个别事例。

所以，人民意见的审判者绝对不是监察官的法庭，它只是诉民愿。如果背弃了人民的意见，它的存在则没有任何意义。

将一个民族的风气与他们崇敬的事物区分开是没有必要的，这两者同根而生，混在一起实属必然。每个国家，舆论会决定他们的爱恨，并非天性。只要将舆论引向正轨，风气自会变好。人们对美好的事物总是偏爱的，具体来说，他们对自认为美好的事物总是很容易倾心，但人们往往在判断美好的事物时很容易犯错，所以必须对他们进行引导。对风气加以评价之人，心里必须清楚真正荣耀的行为有哪些。在决定哪些可以被称为光荣之事时，就一定要以此为标准并作为行为准则。

体制会让人们的意见萌芽。尽管法律对风气的规范所起到的作用微乎其微，但立法可以促使它形成。如果立法工作不够强大，风气肯定会废弛。这时候，监察官的判断也就不能起法律的力量所不能起的作用。

　　所以，监察官制度可以在维护风气上起到作用，唯独不能设立风尚。在法律可以管辖一切时则能设立监察官。如果法律丧失了这样的权力，则一切免谈。如果法律已经不能发挥任何作用，即便是合法的事也是不被允许的。

　　提防公众言论发展到难以控制的程度是监察官在维系风尚时常用的办法：防止公众的舆论向坏的方向蔓延，以明智的举措来维护舆论力量的正义性，乃至有时候在它们不太清晰之前就制定了它们的发展方针。法兰西王国非常流行在决斗的时候带一个帮手，这是一种惯例，不过国王在废止这一惯例的圣旨中只讲了一句"对于那些胆怯到需要帮手的人"就算完事了。在公众的意见不太清晰之前就抢先颁布这道诏书，因此就确定了公众的想法。决斗就是胆怯的表现——如果国王的诏书改为这样的说法，就会遭受质疑和耻笑。就算他的说法是对的，也违背了普通人的想法，事实上对于这件事他们早已有了自己的观点。

第
四
卷


　　我以前就说过①：公众的言论是无法压制的，因此
在为彰显公众的言论而建立的监察官制中，无论如何是
不能采用抑制的方式的。罗马人将监察官制（当今社会
里已经无法再见到了）应用得非常绝妙，备受赞扬，但
那时将它应用得最好的当数拉西第蒙人了。

　　有一个道德败坏的人给斯巴达的议会举荐了一个极
好的想法，不过监察官们不仅没有理会他，还让一个品
德高尚之人提出了他的提议。对于前者来讲该是怎样的
羞辱，而对于后者来说又是怎样的荣耀啊！就算监察官
们没有指责或表扬他们中的任何一个。在萨摩岛，监察
官的办公室被几个酒鬼大闹一场，隔日监察官就颁布通
告准许萨摩岛人当混混。如此放纵他们，也许比实际的
惩治更为有效。斯巴达习惯直言不讳地公布谁守信或不
守信，不过这样的处事方式希腊人是不认同的。

------

　　①　我在本章中只稍微提到了我在《致达朗贝尔先生的信》中说得更
详尽的观点。——作者注

## 第八章　公民的宗教

在人类起源之初，只有神明，根本没有什么国王。他们只相信神明的权威，根本未曾有什么政府。他们使用卡里古拉的推想，所以那时他们的做法没有错误。必须经由长久的思维和情感上的转换，人们才会确定推举一个人来担任他们的领袖，还会为找到这样一个人而高兴不已。

任何一个政治社会都有信奉的神明，所以民族有多少，神就有多少。两个一直冲突不断且完全不一样的民族，若要他们长久地追随同一个主人是没有可能的；相互攻击的两支军队若要遵从同一个领袖也是不可能的。所以在民族的划分中出现了多神的状况，神学层面和政治层面的不宽容也随之出现。事实上这两种不宽容是基本一样的，这个我们之后再讨论。

希腊人常常会去粗鲁的民族那里找寻属于他们的神，

为何会有如此怪异的现象呢？因为他们总是想当然地以为自己才是粗鲁民族天生的掌控者。但是在当今社会，某些人自以为是地说，各个不同民族的神的先祖是同一个，觉得克罗诺、萨士林和莫洛克是同一个神，觉得拉丁人的朱庇特、希腊人的宙斯以及腓尼基人的巴尔也是相同的神。好像这些虚无的神灵尽管名字不一样，可是一定有相同的地方。要是非要如此表达的话，就太荒唐了。

"每个国家都有自身的宗教倾向和神祇的异教时期，宗教纷争为何没有发生呢？"如果有人问我这样的问题，我的答案是：就是因为每个国家都有它的政府和宗教信仰，因此它才未将法律和神区别开来。事实上，政治斗争就是宗教斗争；国家的疆域对神的圣殿进行划分。一个民族的神是没有资格去管别的民族的。异教徒的神并未相互妒忌，只不过他们之间分别有各自的世界：希伯来人和摩西本人某些时候说到以色列的神时就会有这样的想法。在他们眼中，毁灭即是被流放的迦南人的结局，他们终将占据他们的土地，因为他们的神是虚幻的。可是当他们说到坚决不会攻击邻国的神时，是这样说的："所有属于你们的神基抹所有的，"耶弗他对亚扪人说道："难道没有合法地归于你们吗？我们的神所降服的土地，我们也一样有权利占据①。"我觉得，这代表他们完全认可以色列的神的权利和基抹神的权利是在同一层次。

可是，犹太人（他们先被巴比伦的国王降服，后又被叙利亚的国王降服）打死也不认同其他民族的神，只对他们自己的神从一而终。他们如此不屈的信念，在征服者眼中就是一种背叛，他们受到了各种非人的折磨，史书中所记录的种种酷刑，在基督教现世以前是从未有

---

① 拉丁文《圣经》的原文是：Nonne ea quae possidet Chamos deus tuus tibi jure debentur? 嘉里埃神父把这句话翻译成："你们难道不觉得你们有权利占有属于你们的神基抹所有的东西吗？"我不清楚希伯来文原文是怎样的语气，可是我觉得，根据拉丁文《圣经》的原文看，耶弗他是正式对基抹神的权利加以认可。可是，法文的译者是用的"在你们看来"（selon vous）这五个字，这就削弱了"承认"二字的语气，而"在你们看来"五个字，在拉丁文原文中是我找不到的。——作者注

过的①。

因为任何一种宗教都独一无二地以信仰这种宗教的国家所制定的律法为依靠，所以，若想让他们归顺，唯有将一个民族贬为奴隶，否则别无他法。只有征服者，再也没有其他的传教士。因为宗教信仰的更改是征服者务必遵照法律实行的义务，因此在说到更改宗教信仰之前，首先要让他们顺服。由此可以看出，就像荷马所说的那样，神是为人而战斗，而不是人为神战斗。在战斗时，任何一方都会向自己的神祈祷，希望胜利属于自己，获胜以后会为自己的神修建新的祭坛。罗马人在占据任何一个地方以前，会首先命令当地的神让位。他们觉得罗马人的神已经完全驾驭了塔伦土姆人的神，并让其臣服在罗马人的脚下，因此就将塔伦土姆人的愤怒之神给塔伦土姆人留下了。罗马人将自己的神留给被降服者，

---

① 显而易见，尽管那场福西人的战争被叫作"圣战"，可是它压根儿不是宗教战争，因为那场战争的目的是处罚那些亵渎神灵的人，而不是对不信教者进行打压。——作者注

也就意味着他们将自己的法律也留给了被降服者。为罗马的卡皮托利山上的朱庇特送上一顶神冠就是他们索求的仅有的贡品。

最终，罗马人在让他们的王国扩充的时候，他们的神以及他们的宗教信仰也随之散播到了别的民族。除了这个，通常他们还利用被降服者的宗教跪拜礼仪和敬拜被降服者的神，还将城邦的权利也赐予这两者。因此很多种神和宗教信仰悄无声息地在这个强大的王国的人们心中广为流传，这便是在已知的世界里到处都存在各种宗教的原因所在。

就是因为这样的状况，耶稣才在地上创造了一个将神学制度和政治制度分离的精神王国，让国家不再是一个整体，在国家内部制造让基督教人民不能安宁的分离。但是异教徒从思想上根本无法接纳这种对于另一个世界的全新观点。在他们眼中，基督徒从名义上假装遵从，事实上一直在找寻可以东山再起的机遇，还想高明地抢夺他们假意顺从的敬仰的权威，想要掌控世界，他们才是真正的背叛者，这应该就是基督徒屡遭加害的缘故。

异教徒担心的事情还是出现了，此时一切全都变换了模样，谦逊的基督徒也更改了他们的语言。人们立马明白：在一个能够见到的领袖的统辖下的新世界王国，竟是这个世界上最残暴的专制主义。

可是因为一个国家的君王只有一个，法律也只有一种，所以一种法理上恒久的矛盾在这种双重权威之下形成了，优越的政体就无法在基督教国家产生，到底该遵从教士还是主人，人们彻底糊涂了。

有好几个国家的人民，甚至就是欧洲和邻近欧洲等很多国家的人民，都曾经试图让他们远古的制度留存或修复，可惜都以失败告终。基督教的精神处于优胜地位，崇尚神圣的宗教渐渐变成了一种违背主权者的活动，而且跟国家政治体式没有一丁点儿关联。不得不说穆罕默德的眼界很宽广，他的政治体系组织得很好，而且，当他的政府形式在他的历次继承者哈里发统治下继续存在的时候，这个政府一直是一元化的。但是之后阿拉伯人慢慢变得开明了、繁荣了、文雅了、怯懦了，最后让粗鲁之人降伏了。此时两种权利之间的分离在此上演，虽然在他们中，此种分离没有基督徒中那么显著，特别是在阿里那一派系中，它却真实地存在着，并且在有些国家中，比如波斯，到现在人们还能很容易地看出来。

在欧洲，自诩为教会首领的有英国国王，沙皇也是如此。然而，一旦被赋予了这样的头衔，他们对于宗教的关系就会有所改变，他们变得更像宗教的大臣而不是宗教的主人，他们能够对宗教施加的影响，相较于改革来说，其实更像对宗教的维护。他们的真实身份是宗教的君主，而不是立法者。所有在教士形成的共同体中①，教士就被认为是本教区的立法者和主人。所以，不管是

---

① 要特别明确的是，所谓教士结合成共同体，并不是如同法国那样建立形式上的集合，而是指领圣餐。领圣餐和被驱除出教会，是教士们的社会公约。在这个公约约束下，教士永远都是人们和国家的主人，而所有一起领圣餐的人都是同胞兄弟，无论他们相隔多远。这是政治上的一个创新，在其他异教徒的教士中从来就没见过这样的做法，因此他们也就无法形成共同体。——作者注

第
四
卷


在英国还是在德国，都存在着两种权利和两个主权者，这与其他很多地方都是相同的。

在所有关于基督教的论述中，这一问题，只有哲学家霍布斯清晰地发现了，并且提出了可以弥补这一问题的措施。他创造性地提出将鹰的两个头合二为一①，从而重新实现统一的政治。因为在他看来只有实现政治统一，国家和政府才有可能被组建得更好。然而，他应当明白的是，基督教所倡导的精神与他的办法是无法兼容的，基督教教士的利益始终要比国家利益更高。所以霍布斯的理论被很多人憎恶，并不是因为他的理论中存在的某些错误，而是其中那些正确的和客观存在的见解。

在我看来，从上面的历史事实中，就能够找出充分依据将贝尔和华伯登相互对立的看法完全驳斥：前者否认了宗教对于政治体的作用，他不认为宗教有益于政治

---

① 古代罗马军队的军旗上的旗徽就是鹰，而这里所说的两个头就是政权和教权。——译者注

体；后者则将基督教看作政治体制存在的根本，没有基督教作为基础，国家就无法建立。对于前者的说法，我想说的是，任何一个国家的建立，必须有宗教作为基础；对于后者的说法，我想说的是，基督教法律的存在，对于保持国家良好的运转机制完全是负面作用而非正面。为了让读者更清晰地明白我的见解，接下来我会对和我主题相关的一些模糊不清的宗教观念进行进一步阐述。

从宗教与社会的关系来看，不管是普遍的社会还是特殊社会，宗教基本可以分为两种：一种是人类的宗教，一种是公民的宗教。人类的宗教没有宏伟的庙宇，没有固定的祭坛，甚至也没有繁杂的拜祭仪式，它只存在于人们心中，是对伟大的上帝发自内心最真诚的崇拜和对道德履行的永久义务，这就是《福音书》中所说的纯洁而朴素的宗教，也是真正的有神论，被看作人的自然神圣权利。公民的宗教，是国家做出明文要求的宗教。他们有其自己信奉的神，有其特殊的保护神，并且用法律的方式就其教义、拜祭礼仪做出了规定。而所有不信奉此宗教的他国人民，都被他们认为是不敬神的，是原始而野蛮的。这种宗教中其义务和权利都与祭坛密切地联系在一起，最早各国的宗教大多是这样，被看作公民的神圣权利。

此外，还有第三种形式的宗教，这种宗教与上述两种有明显不同，它给予人同时存在两种立法、两个首领、两个国家，并且给予人们一些彼此矛盾的义务。如果人们既做虔诚的信徒又做国家的公民，他们是不答应的。喇嘛教和日本的宗教就是这种类型，此外罗马的基督教也与之相同。这种宗教我们可以称为僧侣的宗教，在这种宗教状态下会出现一种无法言说的、混合的、反社会的权利。

从政治的角度，来分析这三种宗教，都可以看到他们存在的缺点。而第三种尤其更甚，甚至都不必深入探讨。所有与社会统一相违背的，都可以完全摒弃。那些让人们陷入自相矛盾的制度，没有任何存在的意义。

第二种宗教，其最大的优势就是，通过宗教的信仰，人们将对神的崇拜和对法律的尊重密切联系在一起，从而增强公民对于国家的感情和热爱。宗教教导人们对于保护神的效忠就体现在对国家的效忠上。这是一种政教合一的体制，在这种体制下，宗教并不需要教主，也不需要任何教士，只要有行政官存在就可以了。为国而死就是殉教；违反了法律就是对神的亵渎；让一个人受到法律的制裁，受到舆论的指责，就是神对他的惩罚。

第二种宗教，其最大的缺点就是，这种政教合一的体制是建立在谎言和谬论的基础之上的，从而使得人们被蒙蔽，让人将对神的崇拜变成一种对仪式的遵从，让人民陷入迷信和盲从的境地。更为可怕的是，一旦这种思想带入了严重的排他性，再加上专横和野蛮，则必然使得这个国家的人民残暴嗜血并且不容异己，血腥的大屠杀时常可见，并且将这种行为看作神圣的神的指示。在这种思想和行为下，这个国家与其他国家和民族必然处于天然的敌对状态，战乱频繁，人民也缺乏必要的安全感。

　　那么，人类的宗教，也就是基督教又是怎样的呢？不过我们首先要明白的是，这里所说的基督教，并不是今天我们熟悉的基督教，而是《福音书》上所说的基督教。这与今天我们熟悉的基督教是迥然不同的。正是由于有了这种神圣的、崇高的和真正的宗教，在其感召下的人将所有人视为上帝的子女，都是自己的兄弟，这样结合起来建立的社会永远不会分开。

　　但是，这种宗教与政治之间没有任何联系，所以它不能给法律提供任何帮助，只能让法律依靠其自身的力量。所以，特殊社会的纽带作用便无从发挥①。而且，这种宗教对其信仰者的教导，会让人们消除对于国家的感情，且如同远离世上任何事物一样远离国家。这在我看来，是与社会精神相违背的。

　　有人说，只有真正的基督教民族才能够实现理想中的完美社会，这在我看来是荒谬的。原因很简单，如果

_____

　　①　特殊社会，指的是政治社会。纽带指的就是宗教。——译者注

是真正的基督教社会，则必然无法将其看作人类社会。

或许我还可以这样说，尽管这个假想的社会十全十美，却缺乏足够的力量，也是无法长久的。因为其十全十美，所以彼此间联系松散，其十全十美的优点就注定其走向毁灭。

这样的社会，每一个人都尽职尽责，都对法律无条件地保持服从。首领们也都是公正无私之人，官员们勤劳奉公、清正廉洁，士兵们作战勇敢，整个社会道德和谐，也不存在虚荣和奢靡风气，这当然都是很好的。那么如果我们再深入探讨下去呢？

基督教是一种纯精神的宗教，它唯一关心的事物都在天上。在基督徒看来，世界上是没有他们自己真正的祖国的。没错，基督教徒个个都尽职尽责，但是他们不会计较其后果如何。无论成功与否，只要自己的行为没有错误，其他的就不会关心了。就算身在一个繁荣富强之国，他也未必敢于分享社会的幸福，害怕会因为国家的强盛而让自己骄傲；就算国家遭到不幸，他也会祝福上帝那只压在他的同胞身上的手。

如果所有人都是虔诚的、善良的基督徒，当然社会能够保持和平安宁。但是，其中只要出现有一个像卡提利那或者克伦威尔那样的野心家或者阴谋之辈，那么面对他这些虔诚的同胞，必然可以掀起巨大的风浪。基督教徒们所持的仁爱之心让他们不会对任何人持有坏的看法。如果这样的人真的找到了机会、夺取了权利、欺骗了世人，成为一个尊贵之人，在基督教徒看来，这也是上帝安排的。之所以让他得到了尊贵，就是上帝让自己服从他的，是上帝让我们来尊敬他的；即使这个人滥用权利，也被看作上帝借他之手来责打自己的儿女而已。不会有人想着要去推翻他，因为这会让社会安宁遭到破坏，不会有人想着要用暴力，因为这样必然伤害他人，这都与基督徒的温良之心是完全违背的。总而言之，世界上所有的苦难，不管是奴役还是自由，对基督徒来说都没关系，最重要的是以后能够到达天国，而对所有事物顺其自然仅是能够到达天国的一条路而已。

　　如果国家发生了战争，没错，公民们都会毫不犹豫地去打仗，不会临阵脱逃。但是，这也只是他们尽到了该尽的责任而已。至于战争能否获得胜利、如何打败对手，则不是他们关心的问题。他们在意的是上天的安排。谁胜谁败，上天早已做出了安排，我们做的一切都是上帝很清楚的事情，还需要我们来考虑什么呢？大家试想一下，面对一群这样充满斯多葛主义的基督教徒，作为他们的对手，一个骄傲的、充满斗志又凶残的人该是何等幸运啊！如果基督徒和一个对国家荣誉和尊严十分热爱的民族发生战争，如果你们心中的那个十全十美的基督教的共和国和斯巴达或者罗马成为对手，可以想象的是，或许那些虔诚的基督教连自己的方位都还没有搞清楚就已经一败涂地了；或许唯一能让他们得到保全理由的就是对手实在认为他们不堪一击而网开一面吧。法比乌斯率领的军队有着十分豪迈的誓言：不求战死沙场或杀死对手，只求胜利而归。他们不断地实现他们的誓言。而我从来没有从基督教徒那里听到过这样豪迈的誓言。或许在他们看来，喊出这样的誓言就是在试探上帝①。

上面我说到了"基督教的共和国"，其实是有一定错误的。因为基督教和共和国是不相容的。基督教一贯倡导的依附和顺从，对于暴君来说，这样的精神简直太完美了，所以不可能不被暴君利用。所以我们可以说，真正的基督徒来到这个世上就是奴隶，他们也对此十分清楚，却无动于衷，短暂的人生在他们看来其实是没有任何意义的。

或许有人会说，基督教的军队很好，这个我是绝对不认同的。有人告诉我他们好在哪里吗？甚至在我看来，从来就不存在什么基督教的军队。或许有人会拿十字军为例，但我要说的是，十字军确实十分英勇，但是，十字军绝对不是基督教的军队，他们是教会的公民，是教士的军队。他们作战的目的是保护他们的精神王国。当

---

① 试探上帝，在基督教的教义中被认为是一大罪恶。——译者注

然，怎么把精神王国变成世俗王国就不得而知了。必须明确的一点是，他们事实上是在为异教而战，《福音书》可从来就没有说过有建立过国家的宗教。所以，所有的"圣战"都绝不可能是基督徒所引发的。

基督教士兵作战十分勇敢，那是在异教皇帝的领导下，几乎所有的基督教学者也认可这个事实。然而，他们之所以勇敢，只是在和异教战士争夺荣誉而已。当皇帝也成了虔诚的基督徒时，这样的竞争之心就丧失了。十字架上没有了鹰，罗马人也就失去了勇气和精神。

我们姑且不谈政治问题，从权利问题来讨论，从而对这个问题进行更清晰的阐述。主权者对于臣民的治理权利，是社会公约所赋予的，而此权利，也是如我们前文说过的，是仅限在公众利益范围之内的①。公民只有

---

① 达让松侯爵曾经这样说过："在共和国中，任何人只要没有损害他人，他就是一个完全自由之人。"这也十分清楚地阐述了一个界限，没有比这句话再准确的了。尽管达让松侯爵并不十分知名，但是我对他十分崇敬，并常常引用他的言论。他作为大臣的时候，常怀一颗恤民之心，对于国家、政府常常有很多正确的言论和见解。——作者注

那些涉及共同体的意见才必须保持对主权者的服从。但是，对国家来说，公民如果有宗教信仰，会让他们对于自己的天职更加热爱，这是十分重要的。然而，在宗教信仰中，只有那些与道德有关或者信教之人因为要对他人履行义务，才与国家和国家成员发生联系。除了这些，个人的意见和看法，事实上与主权者是没有关系的。主权者也不能干涉，因为主权者没有对另一个世界的权利。他应当关注的是，今生如何做好一个公民，而来生之事则无须他过问了。

所以，针对公民信仰，主权者应当公布一个宣言，做好各种条款的规定，其重点是对社会情感做出表述，而不同于宗教教条。要做好一个公民，就必须具有这种社会感情，因为只有这种感情才会对国家保持忠诚①。

---

① 恺撒在为卡提利那辩护的时候，他尽力阐述了灵魂终将灭亡的观点。卡图和西塞罗在驳斥恺撒的时候，并没有用任何理论，而是直接说恺撒是坏公民，所以才会说出这样对国家有损的话。事实上，卡提利那的问题更应当由元老院来处理，因为并不是一个神学问题。——作者注

对于那些不认同宣言的人，尽管国家不能强制他们认同，但是可以将其驱除出境。而被驱逐的理由并不是因为宗教原因，而是因为他反社会，对于法律和正义不是真心热爱，就更加不可能在必要的时候为了正义和义务而奉献自身。如果一个宣布遵守宣言的人，其生活中又做出与宣言相违背的行为，应当以法律的名字将其处死，因为他犯下了所有罪恶中最大的一条：对法律撒谎。

公民用来尊奉的宗教信仰的条款必须简洁明了、措辞精准、条款简略，而且不需要任何解释和说明。英明睿智、善良仁慈、无所不知而又无所不能的圣明的上帝是存在的，所有人都有来生，正义之人必受福报，罪恶之人必受惩罚，社会契约和法律神圣不容侵犯。在我看来，有了这些正面的条款就足够了。而反面条款只有一条：不宽容。这一条一直都在遭到我们的驳斥。

有人认为，政治的不宽容和宗教的不宽容是不同的。我对这种说法是不认同的，因为这两种不宽容是密不可分的。一个人在宗教上被认为应当下地狱，同这样的人和平相处是很难的。对他们的爱，就是对那个要惩罚他们的上帝的恨。对于那样的人要么挽救，要么惩罚。怎么可能神学上的不宽容不会对政治有影响呢?① 而一旦产生了影响，主权者就不再是真正的主权者。即使是很多世俗事务，也无法行使其应有的权利。在那种情况下，真正的主人变成了教士，而国王更像他们的仆人。

　　那些排他性的国家宗教现在已经没有了，所以，那

---

　　① 我们以婚姻为例子。婚姻是公民的一项契约行为，具有政治和法律效应。失去了这种效应，社会就无法存在。如果由教士掌控了认可这一效应的权利（在不宽容的宗教中，教士总是想方设法把权利抢过来），那就会利用宗教的权威而让君主失去作用。这样，教士允许君主有多少臣民，君主才能有多少臣民。如果教士掌握了一个人是否被允许结婚的权利，他就会从这个人是不是信奉他的教义，是不是遵守他要求的仪式，是不是对他的宗教有坚定的信仰，而决定这个人是否可以结婚。这样一来，就相当于直接掌握了一个人的财产继承、子女养育甚至所有人身权利，直至最后控制国家本身。一个国家如果一切都遵照教士的指示来执行，国家还有必要存在吗？或许有人会说，这是教士对权力的滥用，可以取消其世俗权利。可这件事情绝对没那么简单，只要一个稍有思想的教士，都丝毫不会估计别人怎么评价而自行其是。因为是不是取消他的权利，也是由他自己说了算的。我相信，一个教士如果为了得到未来的一切，即使放弃当前的什么权利也是在所不惜的。——作者注

些能够宽容异教的宗教理应得到我们的宽容，只要其教义与公民的义务不相抵触即可。任何一个敢喊出"只有加入本教，才能得到救赎，其他再无出路"的人，都应当被驱除。除非宗教和国家合为一体，教主就是君主。这种教义，在神权政府或许是好的，但是在其他任何政府中都有害无益。昂利四世信仰罗马教的原因，将让那些正直之人完全离开，特别是具有推理能力的君主。

## 第九章 结束语

我们就政治权利的真正原理展开了讨论，并且以此为基础谈到了国家的建立，本应当就对外关系继续深入研究从而寻找对相关理论的支持。这就包含了国际法、通商法、战争与征服、谈判和缔约、结盟等，但是这些已经属于另一个范畴了，以我的能力是无法深入探讨的，我要始终把我的阐述限制在我的能力所及之处。